No Distance Between Us

The Next Collection

Edited by

Robert Savino
&
James P. Wagner (Ishwa)

No Distance Between Us

Copyright © 2021 by Local Gems Press

www.localgemspoetrypress.com

Editor: Robert Savino

Associate Editor: James P. Wagner (Ishwa)

Italian Translation: Monica Barba

Dedicated to Italian American Poets who continue the pilgrimage of our ancestors and exemplify the values of Italian Culture and Heritage.

Remembering Barbara Fragoletti Hoffman & Gil Fagiani

Sari sempre con noi
You will always be with us
~ Robert Savino

Special thanks to James P. Wagner & Local Gems Press for their partnership, Monica Barba for her Italian translation, The Association of Italian American Educators and the New York State Order Sons & Daughters of Italy in America (NYSOSDIA).

Thanks, as well, to all the participating poets and supportive friends, especially for their patience and understanding as the journey took us through uncertain times.

"From a little spark, may burst a flame"
~ Dante Alighieri, *Paradiso*

Foreword

In the first collection mention was made of the origin of poetic artistry, from the Sicilian School of Giacomo da Lentini to the Triumvirate of Dante, Petrarch and Boccaccio, known as the three crowns (*tre corone*). Dante was also known as the Supreme Poet (*il Sommo Poeta*).

The concept of *No Distance Between Us* was conceived by my passion for the works of the poet Dante. As my passion evolved around his genius I became intrigued with his references to numeric symbolism beginning with the three cantiche of the Divine Comedy, a medieval literary bridge to the Renaissance era. Three then became the first significant number . . . Cerberus – the three-headed monstrous dog, three punishable sins, three-line poetic form with specific rhyme (*terza rima*); and there were more.

For this reason, I've included three poems in this collection as well as in the first. My intention, in partnership with James Wagner (Ishwa) and Local Gems Press, is to conclude with a third collection (*No Distance Between Us* – a Trilogy) adding national and perhaps international Italian American poets to the family.

$$3 + 3 + 3$$

Nine Circles of Hell . . . Nine Spheres of Heaven

And what better time for the release of the second collection of *No Distance Between Us* than the 700th anniversary year of Dante's death. On March 25th Italy celebrates Dantedì, the day dedicated to Dante Alighieri. It was recorded, on that day, the journey into the afterlife began.

In a time when our Italian heritage is being challenged, it is time to allow poetic expression to fill your heart.

At each turn of the page you will become acquainted with Italian American poets from New York State that joined our Long Island family representing many walks of life and regional roots. Their poems will unfold to kindle the unpredictable while offering a taste of Italian culture and many moments that will recall your own memories.

Whether you are a poet or not, the language of poetry and Italian translation between the covers of this collection is evidence that the Italian school of poetry, from the Old Country to the New World continues and . . .

there remains *No Distance Between Us*.

~ Robert Savino

Not Every Schoolboy Knows

When I was a young boy I would hide under the bed
and read the adventures of Wee Winnie Winkle,
the rhyming of words was music to my ears.

Crossing bridges of time I often set out to search
for something uncommon but magical to me,
each span a stepping stone to the temple of words.

Notwithstanding the poetry masters, I became enchanted
by the Italian Triumvirate of Dante, Petrarch, Boccaccio
and studied between covers of the Divine Comedy.

I journeyed nine levels deep into the unknown terrain
of imagination, often passing a vision
of a young sad-eyed, olive-skinned unfamiliar girl.

I awaken many mornings at the hour of the wolf,
to Beatrice, the eternal flame of the heart,
guiding my quill through shadows of transformation.

Dante, I am small amidst your Trilogy.
If only I could have lived to be your apprentice.
I would've opened doors of enlightenment to the conscious mind.

Today I open young minds to the cradle of your seeds,
teach the secrets of good and evil's destination.
I am old, though inside I boast the spirit of your voice.

Non Tutti I Ragazzini Lo Sanno

Quando ero piccolo mi nascondevo sotto il letto
e leggevo le avventure di Wee Winnie Winkle,
le parole in rima erano come musica per le mie orecchie.

Col passare del tempo sono partito spesso alla ricerca di
qualcosa di diverso dal solito
che fosse magico per me,

ogni arco di tempo un trampolino di lancio verso un tempio di parole.
Al di là dei maestri della poesia, rimasi incantato
dal Triumvirato italiano di Dante, Petrarca e Boccaccio

e studiai tra le copertine della Divina Commedia.
Ho viaggiato in profondità attraverso i nove livelli
nel territorio sconosciuto dell'immaginazione,

proseguendo spesso oltre la visione
di una giovane donna sconosciuta, dagli occhi tristi e dalla pelle
olivastra.

Mi sono svegliato al mattino molte volte all'ora dei lupi,
con Beatrice, l'eterna fiamma del cuore,
a guidare la mia penna tra le ombre della trasformazione.

Dante, sono piccolo nel mezzo della tua Trilogia.

Se solo fossi stato tuo apprendista.

Avrei aperto le porte dell'illuminazione alla mente cosciente.

Oggi apro le giovani menti alla culla dei tuoi semi,

insegno loro i segreti della destinazione ultima del bene e del male.

Sono vecchio, ma dentro di me vanto lo spirito della tua voce.

Meatballs and the Sunday Mandolin

The children are outside playing,
young girls drawing chalk squares
on the sidewalk.
The boys engaged in stoopball
hoping not to miss the nosing
and bounce into the front door
setting off the adult alert,
an army of women swinging
wooden spoons . . . game over.

The hour arrives, the boys ordered
inside for kitchen duty
and I get to grate the cheese,
careful not to shave calluses
into the pecorino romano mix
or get caught stealing a browned
meatball before it hits the sauce.

Then all sit down for the meal . . .
          mangia!
The adults eat, drink and laugh
sometimes speaking a language
foreign to me, while the kids
exiled to the kitchen table
are warned to behave. After the feast and before

fruit, nuts, homemade dessert,
espresso and anisette,
milk and cookies for the kids,
il padrone leads the elders
in a musical interlude . . .

two violins, mandolin, piano
and accordion, while the black
sheep checks off sports scores
on a palm-sized scrap of paper
and the kids are instructed to shout
oom pah pah on cue.
Oh how I couldn't wait
for the hour-long goodbyes,
though looking back . . .
those days passed too fast.
Some of us no longer here
to share in the space
yesterday's Sunday filled.

Polpette e Mandolino Domenicale

I bimbi sono fuori a giocare,
le ragazze disegnano quadrati col gesso
sul marciapiede.
I ragazzi giocano a far rimbalzare la palla sulle scale
sperando che non manchi il bordo del gradino
e rimbalzi sulla porta d'ingresso
mettendo in allerta gli adulti,
un esercito di donne che agitano
cucchiai di legno... fine dei giochi.
L'ora arriva, i ragazzi vengono chiamati
perché entrino a dare una mano in cucina
e a me spetta grattugiare il formaggio,
sto attento a non aggiungere pezzi dei miei calli
nel mix di pecorino romano
e a non farmi beccare mentre rubo una polpetta
dorata prima che venga messa nella salsa.
Poi tutti seduti per il pranzo...
mangia!

Gli adulti mangiano, bevono e ridono
a volte parlano una lingua a
me sconosciuta, mentre ai bambini
esiliati al tavolo della cucina
viene intimato di comportarsi bene.
Dopo il banchetto e prima

della frutta, delle noci, del dolce fatto in casa,
espresso e anice,
latte e biscotti per i bambini,
il padrone di casa trascina i più anziani
in un interludio musicale…

due violini, un mandolino, il pianoforte
e accordi, mentre la pecora nera
tiene d'occhio i risultati sportivi
su un piccolo pezzo di carta
e ai bambini viene detto di gridare
um pah pah al segnale.
Oh non vedevo l'ora di raggiungere il
momento dei saluti per quanto lunghi,
anche se guardando indietro…
quei giorni sono passati troppo in fretta.
Alcuni di noi non sono più qui
a condividere insieme questo spazio
che la Domenica di ieri colmava.

Consanguine Compass

Italia! Italia!
Where have your sons gone?
America! America!

on steamships of separation
and yet minutes past midnight
I hear familiar voices amidst shadows
of branches irrationally pointing at me.

Father's, from the Valencia on Jamaica Avenue
after two cartoons and a show,
"Throw a penny into the goldfish pond.
Make a wish like a seed to plant in our garden."

I am young . . . I have questions.

Grandfather's, from the boardwalk at Coney Island,
"You are the oldest of the youngest. One day
the fate of our family will rest on your shoulders.
You will be strong, face struggle in silence."

I am older . . . I have questions.

I've grown to squeeze the last ripe tomato
from the heart of the thriving garden,
bite into its flesh for those answers
and swallow seeds of perpetuity.

I fear if I were to do nothing
and allow ancestral soil to loosen,
our roots would become ravaged
by strangle weed, left to die of thirst.

Now and then I go to the boardwalk
at Bay Shore Marina
with my oldest grandson, John . . .
old tales, the bait of a fishing hook.

Bussola Consanguinea

Italia! Italia!
Dove sono andati i tuoi figli?
America! America!

Su navi a vapore che vi separano
eppure minuti dopo la mezzanotte
sento voci familiari tra le ombre
dei rami che irrazionalmente puntano verso di me.

Di mio padre, tra Corso Valencia e Corso Jamaica
dopo due cartoni animati e un programma tv,
"Lancia un penny nel laghetto dei pesci rossi.
Esprimi un desiderio come fosse un seme da piantare nel nostro
giardino."

Sono giovane… e ho delle domande.

Di mio nonno, dal pontile in legno a Coney Island,
"Sei il più grande fra i più giovani. Un giorno
il destino della nostra famiglia sarà sulle tue spalle.
Sarai forte e affronterai le difficoltà in silenzio."

Sono cresciuto… e ho delle domande.

Ho iniziato a spremere l'ultimo pomodoro maturo
dal cuore del nostro giardino rigoglioso,
mordo la sua polpa per avere delle risposte
e ingoio i semi dell'eternità.

Temo che se non facessi nulla
e permettessi a questo suolo ancestrale di allentarsi,
le nostre radici verrebbero distrutte
dalle erbacce, lasciato a morire di sete.

Di tanto in tanto vado al pontile
alla Bay Shore Marina
col mio nipote più grande, John…
vecchi racconti e l'esca di un amo.

Table of Contents

Peter Bové

Dancing with the Moon

Reams of cotton fill my head
As it overwhelms me not for the first time
…The spin of the world
As I lay in a beat old bed in a dingy motel room
Somewhere in America

I close one eye, but it only gets worse
Spinning on its axis
And around the sun
I become dizzy as my heart begins to flutter
I grab hold of the sheets, 'cause
I feel like I'm gonna fall off

It's spinning too fast!
Around and around...
I can't do a thing to stop it
I want to get off, but I can't
I'm holding on tight to the mattress now and

Just, as I am about to be thrown into
The frigid abyss of deep space forever
She exits the bathroom and looks at me
You got a cigarette? She says

I let go of the bed and float over to her
She must be the moon
The full naked moon
I light her cigarette
Pour some drinks
And we dance

I'm dancing with the moon

Long Island Native Peter Bové currently splits his time between Montauk, NY & Dallas, TX where he's making a documentary; Peyote Road about the Peyote religion of the Native American. He published his first novel Dead Lift in Oct. 2017 with a 2nd about to be published. A collection of 67 poems, each paired with an original work of his art; Souls Weep is available. Although a writer/director/producer of film television and documentary, including 2003 Sundance Grand Jury Prize Winner: Capturing The Friedmans, he admits he is actually a raconteur poet adventurer.

Danzando con la Luna

Risme di cotone mi riempiono la testa
Mentre vengo travolto e non è la prima volta
….Il giro del mondo
Sto disteso su un vecchio letto malandato in una
sudicia camera di motel
Da qualche parte in America

Chiudo gli occhi, ma peggiora soltanto
Ruotando sul suo asse
E intorno al sole
Mi sento frastornato mentre il mio cuore inizia a palpitare
Afferro le lenzuola, perché
Sento che sto per cadere

Sta girando troppo in fretta!
Gira e gira…
Non posso fare niente per fermarlo
Voglio scendere, ma non riesco
Mi mantengo forte al materasso ora e

Proprio quando sto per essere gettato
Per sempre nell'algido abisso dello spazio profondo
Lei esce dal bagno e mi guarda
Hai una sigaretta? Mi dice

Lascio andare il letto e fluttuo verso di lei
Deve essere la luna
La luna piena nuda

Le accendo la sigaretta
Ci verso da bere
E balliamo

Sto danzando con la luna

Peter Boyé, nativo di Long Island, divide il suo tempo tra Montauk, NY e Dallas, TX dove sta conducendo un documentario; Peyote Road sulla religione Peyote dei Nativi Americani. Ha pubblicato il suo primo romanzo Dead Lift nell'ottobre del 2017 e una seconda edizione sta per essere pubblicata. È disponibile una raccolta 67 poesie, ognuna accompagnata da un suo lavoro d'arte originale; Souls Weep. Nonostante sia scrittore/direttore/produttore di film televisivi e documentari, incluso il vincitore del premio Grand Jury Sundance del 2003: Capturing the Friedmans, egli ammette di essere in realtà un poeta avventuriero e aneddotista.

Diane Barker

Lady of the Island

Never met you personally
Grandma has
Scared face amidst many scared faces
Seeking opportunities to go beyond
Prospects for a better way of life
You were younger then, like her

Time aged you both
Grandma succumb peacefully
after eight decades
Children, grandchildren, great grandchildren
Carry on her dream of opportunity

You continue to stand alone on Ellis
How weary you must be
Decades watching over the masses
who crowd your shore
How your feet must ache

Never met you personally
Grandma has
Reciting for years the
story of your encounter
Proud to know the Great Lady

One day I'll visit you on Ellis
Relive family history
Thankful of your presence
Another face among the throngs
Then, now and for those yet to come

Diane Barker is an award-winning, second generation Italian- American poet. She has been published in several anthologies, including No Distance Between Us, Rhyme and Punishment, The Bards Annual and the Performance Poets Association Annual. She is a member of the Farmingdale Creative Writing Group and the FBSN workshop.

La Donna dell'Isola

Non ti ho mai incontrata di persona
La nonna ha
Una faccia spaventata tra tante altre facce spaventate
È alla ricerca di opportunità per andare avanti
Prospettive di una vita migliore
Eri giovane allora, come lei

Il tempo vi ha invecchiate entrambe
La nonna è morta in pace
dopo otto decadi
Figli, nipoti, pronipoti
Portano avanti il suo sogno di opportunità

Tu continui a startene da sola ad Ellis
Quanto devi essere esausta
Decadi passate a guardare le masse
Che si affollano sulla tua riva
Quanto male devono farti i tuoi piedi

Non ti ho mai incontrata di persona
La nonna ha
Raccontato per anni la
storia di un incontro
Orgogliosa di conoscere la Grande Donna

Un giorno ti verrò a trovare ad Ellis
Rivivrò la storia della mia famiglia
Grata per la tua presenza

Un'altra faccia tra la moltitudine
Allora, adesso e per coloro che verranno

Diane Barker è una poetessa Italo Americana di seconda generazione, vincitrice di diversi premi. Ha pubblicato in diverse antologie, inclusa "Nessuna Distanza tra Noi", Rhyme and Punishment, The Bards Annual e La Performance Poets Association Annual. È membro del Gruppo di Scrittura Creativa di Farmingdale e del laboratorio FBSN.

Barbara Branca

She Named Him Rocco

Catherina pinned all her hopes on him. Rocco.
She named him after the patron saint
Her hometown on the Ionian Sea
His statue had wept real tears when
Those who couldn't make it up to the church high above the bay
When the ground shook when the waves surged
Sweeping them into the wrathful sea

She was a teen in steerage bound for New York
Worked at her father's butcher shop on Jane Street and Hudson
She had a gift for numbers
They married her off to handsome Vincenzo, fresh from Calabria
Their honeymoon a one-way train ride
Pennsylvania coal mining town
She cried for her mother
The conductor asked --Is this man bothering you?
No, through tears -- He's my husband

Then ten years of having babies nursing babies burying babies
Nursing other mothers' babies burying them, too.
Then a beautiful daughter named for Saint Teresa of Avila
Finalmente a son for Vincenzo her pride her salvation
Her Rocco

But the mine was cruel
One night when Rocco cried for Papa
Vincenzo did not come home
Trapped crushed panicked gasping for air?
She never knew if death came swiftly or lingered
She knew only that his last breath was Rocco

She made a life for them in unfamiliar Brooklyn
Working two jobs
Saving nickels and dimes
Her children were city public schooled
American kids speaking Brooklynese
Rocco also spoke his mother's language of numbers
He got a job at a bank
Walked to work, saved a nickel subway fare
He wanted to blend in
He got a suit
At the bank they called Rocco, Robert
By whatever name he was on the road to success

As the earth trembles waves surge mines collapse
Influenza took young and old
Rocco was swept up
Leaving mother and daughter on the shore of loneliness

Of the tremors, waves, deprivation, deaths, burials
She had endured
None more soul shattering
Than that of Rocco

For six decades afterward
Loving matriarch to grandchildren, great grandchildren
Her death at ninety, upon her lips
Rocco

Brooklyn-born Barbara Ann Branca traces her roots to Calabria and Sicily. She is a performance poet, science author and educator who has read poems from her chapbook, FLASH FLOOD, on National Public Radio and venues throughout NYC and Long Island. Barbara can also be heard singing at The Jazz Loft in Stony Brook.

Lo ha chiamato Rocco

Catherina aveva riposto tutte le sue speranze su di lui. Rocco.
Lo aveva chiamato così per il santo patrono
della sua città natale nel Mar Ionio
La sua statua aveva pianto lacrime vere per
Coloro i quali non riuscirono a raggiungere la chiesa in alto sulla baia
Quando la terra tremò e quando le onde si alzarono
Spazzandoli nella furia del mare

Era un'adolescente in terza classe diretta a New York
Lavorava nella macelleria del padre tra Jane Street e Hudson
Se la sapeva cavare con i numeri
La diedero in moglie all'affascinante Vincenzo, fresco dalla Calabria
La loro luna di miele fu una corsa in treno di sola andata
Una città di miniere di carbone in Pennsylvania
Pianse per sua madre
Il conduttore le chiese – Quest'uomo la sta importunando?
No, tra le lacrime – è mio marito

Poi dieci anni tra l'avere bambini accudire bambini
e seppellire bambini
Accudire bambini di altre madri e seppellire anche loro.
Poi una bellissima figlia chiamata in onore di Santa Teresa di Avila
Finalmente un figlio per Vincenzo il suo orgoglio la sua salvezza
Il suo Rocco

Ma la miniera fu crudele
Una notte mentre Rocco piangeva perché voleva il Papà

Vincenzo non tornò a casa
Intrappolato schiacciato in preda al panico arrancando
per un po' d'aria?
Tutto ciò che seppe è che il suo ultimo respiro fu Rocco

Riuscì a rifare una vita per entrambi nella sconosciuta Brooklyn
Faceva due lavori
Metteva da parte nichelini e dieci centesimi
I suoi figli entrarono alla scuola pubblica
Bimbi americani che parlavano Brooklynese
Anche Rocco se la cavava con i numeri come sua madre
Ebbe un lavoro in banca
Andava a piedi a lavoro, voleva risparmiare qualche soldo
sulla tassa della metro
Voleva integrarsi
Si comprò un completo
Alla banca chiamavano Rocco, Roberto
Ma qualunque fosse il suo nome, era sulla strada del successo

Quando la terra trema le onde si ingrossano le miniere crollano
L'influenza prese vecchi e giovani
Rocco venne spazzato via
Lasciando sua madre e sua figlia sulla riva della solitudine

Di terremoti, onde, povertà, morti, sepolture
Che ella aveva affrontato
Nessuna scosse di più la sua anima
Di quella di Rocco

Per sei decadi successive

Da amorevole matriarca per i suoi nipoti e pronipoti
La morte sopraggiunse a novant'anni, sulle sue labbra
Rocco

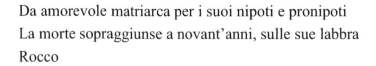

Nata a Brooklyn, le radici di Barbara Ann Branca risalgono alla Calabria
e alla Sicilia. È una poetessa della performance, autrice di scritti scienti-
fici ed educatrice, che ha letto poesie dal suo libro tascabile FLASH
BLOOD, alla Radio Pubblica Nazionale e in diverse sedi in tutta NYC e
Long Island. Barbara canta anche al Jazz Loft a Stony Brook.

Louisa Calio

The Time Goes By, An Elegy for Angelina

For my Grandmother Angelina Consolmagno
Marchesani (1892-1981)

It is for you Grandmother that I write and our extended family
 who did not welcome your dying on February 28, 1981
 the same month another great Italian American lady
Governor Ella Grasso of Connecticut passed.
You were more a Queen Mother
born out of strife to Luigi and Rosa from Salerno
Angelina Consolmagno, a survivor
of poverty, the Spanish influenza, rickets as a child,
epilepsy and several bouts of pneumonia
to flourish past your birthplace on Mulberry Street,
New York City to become mother to so many
on West Fifth Street in Brooklyn
where I spent my early childhood years.

Your first husband, Giovanni Falci, died at 25
during that terrible flu epidemic that took so many young lives.
He tried to take yours too and your infant son's Lew
but you said no and chose life,
called your brothers in to stop him
 from turning on the gas that night.
You moved on to make pretty hats and accessories

to raise your infant child.
Marched with the suffragettes for women's rights
along Fifth Avenue, one of your favorite spots on earth
before marrying my Grandfather, Rocco
raising his three children as your own, orphaned by the
same dread disease
finally to have Rosie, my mother,
 the only child born of that union.

I can remember the world passing by your porch windows
filled with local color, friendly neighbors
visitors of all types who were welcomed in
as well as our closely knit tribe:
Uncle Vinny, Aunt Faye cousin Rocky who lived beside
Above was Uncle Nick, Aunt Anne
 and their children, Tony and Annie.
Up the street your son Lewis and his new wife Clara
Rose and Joe, my father, and Aunt Anna were nestled here too
with you and Pop, as Grandpa was referred to
in our big duplex, huge as the universe to my childish eyes
not too far from Coney Island,
the seacoast where I frolicked and played
when it was still beautiful and I lived in Paradise.

We will never forget the taste of your savory foods.
Only the lucky few knew your home made ravioli,
marinaras, roasted peppers
and delicate Crispelli dripping with honey
Pure and nourishing foods
patiently created for us and your many guests

88 years were not enough!

We know you are in a heavenly light,
but we are still here in our earthly plight
without your stories, joyous sense of humor
so full of life, a true peace-maker.
Angie, some called you, Angela, Angelina
"Little Angel" you were our giant, a legendary figure
though you felt so small at only 4' 10" tall.

Grandma, did you really think your work was done
after all the years of tenderly caring for us?
God/dess knows you deserved the rest.
Oh how we miss your quiet presence
woman of strength, teacher of independence
"even from the men."
You set the standard with your step
as we witnessed your courage and contentment
even during the worst of times
you smiled and toasted life with your favorite rose wine.

Right until the end after you phoned us one by one
to say your last good-bye, finally telling Rosie
"I'm tired of the washing, mending the socks
and I don't feel for shelling peanuts anymore."

Quietly you left on an unusual day in February
when flowers bloomed and bees buzzed for a short while
Uncanny, people said, a false Spring!
I was not surprised, having seen fairies dancing once or twice

beside you and later at your graveside, dear Grandma.
You lived as you died
in peace, in love and eternal light.

Louisa Calio is an internationally published, award winning author whose work has been translated into Korean, Russian, Italian and Sicilian. Winner 1 st Prize "Bhari" City of Messina, Sicily (2013) "Signifyin Woman" Il Parnasso" Canicatti, Sicily (2017) ,finalist for Poet Laureate, Nassau County etc. Director of Poet's Piazza at Hofstra University for12 years, and founding member & Executive Direc-tor of City Spirit Artists, Inc. New Haven, CT. her latest book, Journey to the Heart Waters was published by Legas Press(2014). See http://en.wikipedia.org/wiki/Louisa_Calio

Il Tempo Passa, Una Elegia per Angelina

A mia nonna Angelina Consolmagno
Marchesani (1892-1981)

È per te nonna che scrivo e per la nostra famiglia allargata
che ha accolto con dolore la tua morte il 28 febbraio 1981,
lo stesso giorno in cui un'altra grande donna Italo Americana
la Governatrice Ella Grasso del Connecticut mancò.
Tu eri più una Regina Madre
nata dal conflitto tra Luigi e Rosa di Salerno
Angelina Consolmagno, una sopravvissuta
alla povertà, all'influenza spagnola, al rachitismo da bambina,
epilessia e vari attacchi di polmonite
per prosperare lontano dal tuo luogo di nascita a Mulberry Street,
New York City per diventare madre di tanti
nella West Fifth Street a Brooklyn
dove io ho trascorso i primi anni della mia infanzia.

Il tuo primo marito, Giovanni Falci, morì a 25 anni
durante la terribile epidemia di influenza che prese così tante vite.
Egli provò a prendere anche la tua vita e quella del tuo neonato Lew
ma tu dicesti di no e scegliesti di vivere,
chiamasti i tuoi fratelli perché lo fermassero
dall'aprire il gas quella notte.
Ti mettesti a fabbricare cappelli e accessori
pur di crescere il tuo bimbo.
Marciasti con le suffragette per i diritti delle donne
sulla Fifth Avenue, uno dei tuoi posti preferiti su questa terra
prima di sposare mio nonno, Rocco
crescere i suoi tre figli come tuoi, resi orfani

dalla stessa terribile malattia
che infine prese Rosie, mia madre,
l'unica bambina nata da quella unione.

Ricordo il mondo che passava dalle finestre della tua veranda
piena di colori locali, vicini amichevoli,
visitatori di ogni tipo che erano i benvenuti
così come la nostra tribù tanto unita:
Zio Vinny, Zia Faye, il cugino Rocky che viveva accanto
Di sopra c'erano lo Zio Nick, Zia Anne
e i loro figli, Tony e Annie.
In fondo alla via c'era tuo figlio Lewis e la sua nuova moglie Clara
Rose e Joe, mio padre, anche Zia Anna fu accolta qui
con te e Pop, come veniva chiamato il Nonno
nella nostra casa bifamiliare, grande quanto l'universo
per i miei occhi da bambina
non troppo lontano da Coney Island,
 la costa dove me la spassavo a giocare
quando tutto era bello ed io ero in Paradiso.

Non dimenticheremo mai il sapore del tuo cibo saporito.
Solo i più fortunati conoscevano i tuoi ravioli fatti in casa,
la marinara, i peperoni arrostiti
e i Crispelli dolci gocciolanti miele
Cibi genuini e nutrienti
pazientemente cucinati per noi e per i tuoi tanti ospiti
88 anni non sono stati abbastanza!

Sappiamo che sei nella luce celeste,
ma noi siamo ancora qui con le nostre peripezie terrene

senza le tue storie, senza il tuo umorismo gioioso
così piena di vita, una vera pacificatrice.
Angie, qualcuno ti chiamava, Angela, Angelina
"Piccolo Angelo" eri il nostro gigante, una figura leggendaria
per quanto fossi piccola con i tuoi 4' 10'' di altezza.

Nonna, pensavi davvero che il tuo lavoro fosse concluso
dopo tutti gli anni in cui hai badato a noi con così tanto affetto?
Dio sa che meritavi tutto il resto.
Quanto ci manca la tua presenza silenziosa
donna forte, maestra di indipendenza
"pari agli uomini."
Tu hai stabilito i nostri standard con i tuoi passi
poiché siamo stati testimoni del tuo coraggio e della tua contentezza
anche durante i momenti peggiori
tu sorridevi e brindavi alla vita con il tuo vino rosato preferito.

Fino alla fine, dopo averci chiamato uno ad uno
per darci il tuo ultimo addio, alla fine hai detto a Rosie
"Sono stanca di lavare e rammendare calzini
e non me la sento più di sbucciare le noccioline."

Te ne andasti in silenzio in un giorno particolare di febbraio
quando i fiori sbocciavano e le api ronzavano in giro per un po'
Che mistero, disse la gente, una falsa primavera!
Non me ne sorpresi, dopo aver visto le fate danzare una o due volte
accanto a te e più tardi sulla tua tomba, cara Nonna.
Hai vissuto così come sei morta
in pace, con amore e nella luce eterna.

Louisa Calio è un'autrice di fama internazionale e vincitrice di premi, i cui lavori sono stati tradotti in coreano, russo, italiano e siciliano. Vincitrice del 1° Premio "Bhari" della città di Messina, in Sicilia (2013), "Signifyin Woman" Il Parnasso" Canicatti, Sicilia (2017), finalista come Poetessa Laureata, nella Contea di Nassau ecc. Direttrice del Poet's Piazza all'Università Hofstra per 12 anni e membro fondatore member & Direttrice Esecutiva della City Spirit Artists, Inc. New Haven, CT, il suo ultimo libro, Journey to the Heart Waters è stato pubblicato dalla Legas Press (2014). Vedi su

http://en.wikipedia.org/wiki/Louisa_Calio

Carlo Frank Calo

Grandma and the Time of Corona

it is December of 1918 and Vincenza, mother of two young girls,
has just given birth
to Gaetano, my father, and he will grow up with three brothers
and four sisters,
and Vincenza and Carlo, my grandfather, are happy but so
very fearful
now that 20,000 New Yorkers have died this year, soon to
be 30,000,
with the hospital in East Harlem just blocks away, but full,
the tenements quarantined,

and much, much later I visit grandma and grandpa often
at Holidays and Birthdays and Sunday pasta, and always we hug
and kiss,
and not only them, but all my aunts and uncles,
a ritual imbued in me, as normal as taking each breath,
and this memory has but one exception,

sometimes, my grandma has a slight cough, or a sneeze, or some
thing not seen
and she forcefully warns me away as I approach,
and I see fear and concern in her eyes, a look I've never seen
before,
and as a young boy I am confused, not understanding then

and not really understanding until just these past few weeks,

as I skype with my grandchildren, and we talk and we laugh
and have fun,
even though I am not with them for Holidays and Birthdays
and Sunday pasta,
but behind my smiles I hide something from them, and from
myself,
and I try not to let them see it, not see the fear and concern in
my eyes,
eyes so sad because we cannot hug and kiss.

Carlo Frank Calo, the grandson of Sicilian immigrants, is a husband, father and grandfather. He was born in East Harlem, grew up in the Bronx projects and is retired on Long Island. When not fishing, bicycling, playing poker, working part-time counseling TBI survivors or babysitting his grandchildren he enjoys writing eclectically. He has been published in Hippocampus Magazine, The Copperfield Review, High Coupe 2014, Great South Bay Magazine, Down in the Dirt Magazine, and through Local Gems Press: Bards Annual 2017, 2018, 2019, No Distance Between Us, Walt Whitman's Bicentennial Poets to Come, and We Are Beat-National Beat Poetry Foundation.

Nonna e il Tempo del Corona

È il dicembre del 1918 e Vincenza, madre di due giovani figlie,
ha appena dato alla luce
Gaetano, mio padre, che crescerà con tre fratelli
e quattro sorelle,
e Vincenza e Carlo, mio nonno, sono felici ma anche
colmi di timore
ora che 20,000 Newyorkesi sono morti quest'anno,
presto arriveranno a 30,000,
con l'ospedale di East Harlem a pochi isolati di distanza, ma pieno,
le case popolari in quarantena,

e molto, molto tempo dopo faccio spesso visita alla nonna e al nonno
durante le feste e i compleanni e le domeniche di pasta,
e ci abbracciamo e baciamo sempre,
e non ci sono solo loro, ma tutte le mie zie e i miei zii,
un rito che è parte di me, della mia normalità, quanto il respirare,
e questo ricordo ha solo un'eccezione,

qualche volta, mia nonna ha un po' di tosse, o fa uno starnuto,
o qualcosa che non si vede
e mi avvisa da lontano, con enfasi, appena mi accosto a lei,
e vedo la paura e la preoccupazione nei suoi occhi, uno sguardo
che non ho mai visto prima,
e poiché sono solo un ragazzo, resto confuso, non capivo allora
e ho continuato a non capire fino a queste ultime settimane,

mentre sono su skype con i miei nipoti, parliamo e ridiamo
e ci divertiamo,

anche se non sono con loro per le vacanze e i compleanni
e le domeniche di pasta,
ma dietro i miei sorrisi nascondo qualcosa tanto a loro
quanto a me stesso,
e cerco di non dare a vedere la paura e la preoccupazione
nei miei occhi,
occhi così tristi perché non possiamo abbracciarci e baciarci.

Carlo Frank Calo, nipote di immigrati siciliani, è marito, padre e nonno. È nato ad East Harlem, è cresciuto nel Bronx e dopo la pensione è andato a vivere a Long Island. Quando non pesca, non va in bici, non gioca a poker, o non lavora part-time come consulente per i sopravvissuti del TBI o non bada ai suoi nipoti, ama dedicarsi alla sua scrittura eclettica. I suoi scritti sono stati pubblicati sulla rivista Hippocampus, sul The Copperfield Review High Coupe 2014, sulla rivista Great South Bay, sul Down in the Dirt e tramite la Local Gems Press: Annuale dei Bardi 2017, 2018, 2019, Nessuna Distanza Tra Noi, Walt Whitman's Bicentennial Poets to Come, e tramite la Fondazione We Are Beat-National Beat Poetry.

Dolores Cinquemani

The Peddler

His pushcart laden with produce, colorful and ample
Tony, the peddler rolled down the street every summer morn…
Bananas, apples red and green waiting to be sampled,
Potatoes swinging from sides of the cart, oranges, lemons, a
blueberry tart.
"Zucchini, peppers," he would yell,
"Oh please, no squeeze, how can I sell?"
Bargaining is a daily game, a pouch their fingers pinch.
"Lower a penny" they cry, Tony won't budge an inch.
Each morning drama unfolds as everyone holds their ground.
They swear not to buy a pear unless the price is sound.
Pennies are dropped from each item sort till all are content
they happily carry the produce home just as they always meant.
A victim of time, the peddler's gone,
new ideas were chosen, memories left far behind.
Now our food is frozen.

Dolores Cinquemani is the author of three poetry collections: The Inner
Eye (2019) Timepiece (2015) and Unlaced (2013). Her poem "Love
Tasted (Sundays in Mama's kitchen)" appeared in No Distance Between
Us in 2017.

Il Venditore Ambulante

Il suo carretto ricolmo di prodotti, colorati e abbondanti
Tony, venditore ambulante, scendeva per strada ogni mattina d'estate
Banane, mele rosse e verdi aspettavano di essere assaggiate,
Patate penzolavano ai lati del carretto, arance, limoni,
una crostata ai mirtilli.
"Zucchine, peperoni" urlava,
"Per favore, non le strizzi, come le vendo poi?"
Negoziare è un gioco quotidiano, un borsellino che le dita aprono.
"Togli un penny" si lamentano, Tony non si smuove di un centimetro.
Ogni mattina inizia il dramma appena tutti mettono piede a terra.
Giurano che non comprano neanche una pera se il prezzo non è buono.
Penny tolti da ogni articolo scelto finché non sono tutti contenti
e portano soddisfatti a casa i loro prodotti proprio come volevano.
Vittima del tempo, il venditore ambulante non c'è più,
sono state scelte nuove idee, e i ricordi lasciati indietro.
Ora il nostro cibo è surgelato.

Dolores Cinquemani è autrice di tre collezioni poetiche: The Inner Eye (2019) Timepiece (2015) e Unlaced (2013). Il suo componimento "Love Tasted (Sundays in Mama's kitchen) è stato inserito in Nessuna Distanza tra Noi nel 2017.

Lorraine Conlin

Breadwinner

Besides his night job in a commercial bakery
Dad took on side jobs so he could support
our family like he had to help his family
after he finished the three years of school that
Italians from the old country believed was enough.

He'd come home in time to eat breakfast
with us before we went to school,
then slept until it was time to pick us up.
Once a month, after my fourth grade class
Dad and I took a car ride to a nearby factory.

I'd help him carry boxes of ballpoint pens
and white plastic pocket protectors
he bought at wholesale prices.
He said, "They'll sell like hotcakes
help us make ends meet."

Before pulling away from the curb
Dad would rifle through the bounty,
fill his pockets with samples,
hopeful his prospects would buy.

We'd sip vanilla egg- creams at the soda fountain.
With a writing instrument in each hand
he was a one-man band; clicking metal tips
with his thumbs, playing along
to jukebox tunes of the 50's.

Lorraine Conlin is the Nassau County Poet Laureate Emeritus (2015-2017) Vice-president of the NCPLS and Events Coordinator for PPA. Her poems have been published nationally and internationally in anthologies and literary reviews.

Colui che porta i soldi a casa

Oltre al suo lavoro notturno in una pasticceria
Papà faceva anche altri lavori così da riuscire a sostenere
la nostra famiglia come aveva aiutato a sostenere la sua famiglia
dopo aver finito tre anni di scuola dato che
gli Italiani dal vecchio paese credevano bastasse così.

Tornava a casa in tempo per fare colazione
con noi prima che andassimo a scuola,
poi dormiva finché non arrivava l'ora di venirci a prendere.
Una volta al mese, dopo le lezioni del quarto anno
Papà ed io andavamo a fare un giro in auto presso una fabbrica vicina.

Lo aiutavo a caricare scatole di penne biro
e protezioni di plastica per i taschini
che comprava a prezzi da ingrosso.
Diceva, "Li venderò come frittelle,
ci aiuteranno a far quadrare i conti."

Prima di allontanarsi dal marciapiede
Papà frugava tra i premi,
si riempiva le tasche di campioncini,
nella speranza che i suoi acquirenti comprassero.

Sorseggiavamo egg-cream alla vaniglia vicino al distributore di soda.
Con uno strumento da scrittura in entrambe le mani
lui era un solista; faceva scattare le punte in metallo
con i pollici, andando a tempo
con le canzoni anni '50 del jukebox.

Lorrain Conlin è Poetessa Laureata Emerita della Contea di Nassau (2015-2017) vicepresidente del NCPLS e coordinatrice di eventi per il PPA. I suoi componimenti sono stati pubblicati a livello nazionale e internazionale in antologie e critiche letterarie.

Joanne Cucinello

Enter Now

A Renaissance is brewing.
There are Weavers . . . great Artists
in the wings
playing harps of discontent
waiting . . .
waiting
for the fine strings to unravel.
Crystal clarity envelops them
but the path they seek to ride
is cluttered with confusion and debris.

Old thought must die now
all that can survive
must come from spirit minds
cloned with highest
visions for mankind.
The noise that rises from the earth
is deafening to gentle stars
adrift in velvet darkness.
They are praying . . .
praying for us
to remember
who we are . . .
to remember the great and

valiant call . . .
the echoes of the great chiefs
and saints and humble spirits
whose sobs reverberate
stirring the dark black hole
that leads to our redemption.

How will we continue?
This quest is not political
no partisans are welcome here
when our humanity is at stake.

Look! . . . They approach now!
There! In the sky . . . a great omen.

There . . . see! They come . . . glorious
Three stallions . . . riding on the clouds with wild
and furious manes unfurled
they charge with giant hooves of sapphire.

The first is midnight black
the smoke of all lost tribes
surging through his raging nostrils.
"Why?" he asks, in voice of thunder.
"Why . . . have you not listened?"

And now another sound
of great wind howling through the skies
advancing wild and raptured
an ancient Appaloosa upon whose back

the horseman rides.
"When . . . When?" he cries with loud
uproarious voice.
"We are waiting!!"

And then a sudden stillness parts the skies
No sound escapes the silence . . . silence
and in the distance
a red-hued sun begins to rise,
the firmament
encased with brilliance.
And then . . .
Oh Glory!
Oh Majesty!
He comes,
He comes!
The great White Spirit Horse
with eyes of fire and legs of alabaster
his silver mane aloft, alive
with lightening flashing through
the heavens
and on his back . . . the Holy One
the Ageless One . . . but see
He wears no plate of armor
no sword is reeled
yet He is shining . . . shining
brighter than the sun . . .
the God-Child comes
and in his hands
red glowing embers

of his flaming heart.
"Who will carry this?"
"Who will take my burden?"

And from his heart
Red glowing tears . . . embers
shooting stars
Falling . . . falling
to the earth like manna
come to rest on those with
outstretched hands
and the burden of the God-Child
was received,
the burden of the earth and all
its creatures
and mankind wept
tears of gold . . .
as the ancient ones departed and
the winds ceased to roar
the sheath of heaven closed
to find a renaissance beginning

and see . . . the earth is turning green again.

—

Joanne Cucinello is a Sicilian American Poet and Storyteller on Long Island NY. She has published four books of poetry and two children's books. Her poetry is eclectic, soul searching and often visionary.

Entra adesso

Un Rinascimento è in fermento.
Ci sono tessitori . . . grandi artisti
nelle ali
suonano le arpe del malcontento
e aspettano . . .
aspettano . . .
che le loro catene sottili si disfino.
Una chiarezza cristallina li avvolge
ma il cammino che vogliono percorrere
è ricolmo di confusione e macerie.

Il vecchio pensiero deve morire adesso
tutto ciò che può sopravvivere
deve provenire da menti elevate
clonate con le più alte
visioni dell'umanità.
Il rumore che si erge dalla terra
è assordante per le stelle gentili
alla deriva nell'oscurità vellutata.
Pregano . . .
pregano per noi
affinché ricordiamo
chi siamo. . .
per ricordare la grande e
valorosa chiamata . . .
gli echi dei grandi condottieri
e dei santi e degli spiriti umili

i cui singhiozzi riverberano
rimestando l'oscuro buco nero
che porta alla nostra redenzione.

Come faremo a continuare?
Questo obiettivo non è politico
i partigiani non sono i benvenuti qui
quando è in ballo la nostra umanità.

Guardate! . . . Si avvicinano adesso!
Lì! Nel cielo . . . un immenso presagio.

Lì . . . guardate! Arrivano . . . gloriosi
Tre stalloni . . . cavalcano sulle nuvole con
criniere furiose e sciolte
vanno alla carica con zoccoli giganti di zaffiro.

Il primo è nero come la notte
il fumo di tutte le tribù perdute
fluisce tra le sue narici furenti.
"Perchè?" chiede, con voce tonante.
"Perchè . . . non avete ascoltato?"

E adesso un altro suono
un forte vento che ulula nei cieli
avanza selvaggio e in estasi
un antico Appaloosa in groppa al quale
vi è un cavaliere.
"Quando . . . Quando?" urla con
voce fragorosa.

"Stiamo aspettando!!"

E poi un'improvvisa quiete divide i cieli
Nessun suono sfugge al silenzio . . . silenzio
e in lontananza
un sole tinto di rosso inizia a sorgere,
il firmamento
ricoperto di fulgore.
E poi . . .
O Gloria!
O Maestosità!
Arriva,
Arriva!
Il grande Spirito Equino Bianco
con occhi di fuoco e zampe di alabastro
la sua criniera d'argento svolazza, viva
con i fulmini che vi lampeggiano attraverso
i cieli
e in groppa ad esso . . . Il Sacro
L'Eterno . . . ma vedete
Non indossa alcuna armatura
non sguaina alcuna spada
eppure Egli brilla . . . brilla
più splendente del sole . . .
Il Dio-Bambino arrivava
e nelle sue mani
le braci ardenti di rosso
del suo cuore infiammato.
"Chi porterà questo?"
"Chi si caricherà del mio fardello?"

E dal suo cuore
lacrime splendenti di rosso ... braci
stelle cadenti
Che cadono ... cadono
sulla terra come manna
viene a riposare su coloro che hanno
le mani tese
e il fardello del Dio-Bambino
fu ricevuto,
il fardello della terra e tutte
le sue creature
e la specie umana piansero
lacrime d'oro ...
appena gli antichi se ne andarono e
i venti cessarono di ruggire
il velo del cielo si chiuse
per trovare un inizio di rinascita

e guardate. . . la terra sta tornando di nuovo verde.

Joanne Cucinello è una poetessa e scrittrice siculo-americana di Long Island NY. Ha pubblicato quattro libri di poesia e due storie per bambini. La sua poesia è eclettica, introspettiva e spesso visionaria.

Franco D'Alessandro

The Returning Immigrant

for Nonna e Pisticci —Prov. di Matera

Papà, I am leaving
Sì, sì, ci voglio andare
don't ask why
you already know
and have hid it from yourself
for so long
blinding you -burning in your ears
for an eternity
those cold hopes —last breaths — lost years
gasping words — grasping for *la terra natia*
held prisoner in her throat:
"Nun lasseme morì ca...Ijë nun vojo morì ca"
(don't let me die here... I don't want to die here)
ever resounding
forever startling
your eerie daydream moments
your tormented, scream-filled awakenings
quiet disturbances -that never let you rest
an unfulfilled promise you let slip away
broken like a statue from antiquity
lingering like graveyard mist
a distant touch - a solitary love

41

buried in a foreign land,
Here,
haunted still...

I went back to Italy,
So *she* could rest in peace.
And, now, Papà,
O mio babbino caro
I really must go… again
Sì, sì, ci voglio andare
Sì, sì, ci devo tornare

I will see you on the
Other side
Where we can breathe our
ancestor's *aria Lucana* together
and give *Nonna*
Un giusto addio — a proper good-bye.

Italian-Irish-American playwright and poet Franco D'Alessandro is a
native New Yorker and speaks fluent English, Italian, and basic Gaeilge.
His plays, including his 2002 hit *Roman Nights*, have been produced all
over the world and translated into eight languages and will soon be a
feature film. His 2009 poetry chapbook, *Supplications*, sold 2,000
copies, and a collection of poems, *Everything Is Something Else* (Poems:
1989-2019), was published in January 2021 by Finishing Line Press. The
son of an Italian immigrant (from Matera) and a first-generation Irish
mother, Franco is a lifelong educator and teacher who has studied in
Siena and Rome, and many of his plays and poems have Italian themes.

L'Immigrante Che Ritorna
per Nonna e Pisticci – Prov. Di Matera

Papà, me ne vado
Sì, sì, ci voglio andare
non chiedermi perché
lo sai già
e lo hai nascosto a te stesso
per tanto tempo
accecandoti – bruciandoti le orecchie
per un'eternità
quelle fredde speranze – gli ultimi respiri – gli anni perduti
sbiascicando parole – cercando di afferrare la terra natia
tenuta prigioniera nella sua gola:
" Nun lasseme morì ca...Ijë nun vojo morì ca"
risuonano sempre
ti spaventano per sempre
gli angoscianti momenti in cui sogni ad occhi aperti
i tuoi risvegli tormentati e pieni di grida
trambusti silenziosi – che non ti lasciano mai riposare
una promessa non mantenuta che ti sei lasciata sfuggire
rotta come una statua dell'antichità
persistente come il muschio sulla tomba
un tocco lontano – un amore solitario
sepolto in una terra straniera,
Qui
ancora perseguitata…

Sono tornato in Italia,
Così che potesse riposare in pace.

E, ora, Papà,
O mio babbino caro
Devo davvero andare. . . di nuovo
Sì, sì, ci voglio andare
Sì, sì, ci devo tornare
Ti rivedrò
Sull'altra sponda
Dove respireremo l'aria
della nostra antenata Lucana
e daremo a Nonna
Un giusto addio.

Franco D'Alessandro è drammaturgo e poeta italo-irlandese-americano, nato a New York. Parla fluentemente inglese, italiano e gaelico base. Le sue opere teatrali, incluso il suo successo del 2002 Roman Night, sono state prodotte in tutto il mondo, tradotte in otto lingue e presto ne faranno anche un film. Il suo libro di poesie del 2009, Supplications, ha venduto 2,000 copie, e la sua collezione di poesie, Everything Is Something Else (Poems: 1989 – 2019) è stato pubblicato a gennaio del 2021 dalla Finishing Line Press. Figlio di un immigrato italiano (da Matera) e di madre irlandese, Franco è sempre stato educatore e insegnante. Ha studiato a Siena e Roma e molte delle sue opere teatrali hanno temi italiani.

Maria Dellaventura

The Endless Sky

As a monarch butterfly flutters by
I let out a small reminiscent sigh
as I reflect on all the years gone by
and tears begin to well up in my eyes.
As I sit here, in a world all my own
I think of all the loved ones I have known
and how each of them played a vital part
in opening the chambers of my heart.
Some have remained, and yet many have gone
but, memories of them linger on and on
for each, in their unique and special way
helped me to become who I am today.
Through each word of comfort, each touch, each smile
they helped me to believe life was worthwhile
as their hearts poured out the Lord's perfect love
that was being channeled from up above.
Today, the sound of their voices still rings
in the flapping of the butterfly's wings
as he gently and swiftly passes by
and disappears into the endless sky.
One day, our paths are sure to cross again
but for now, I've found peace to soothe my pain
as my Heavenly Father makes it known
once again…that I am never alone.

Maria Dellaventura currently resides on Staten Island, New York. In 2018, she published her first book entitled "Life After Loss: Healing Piece by Peace" in which she shares with readers her deep faith in God. Her other short works include "The Value of Love", "Till I Met You" which received a poetic achievement award and "Julia".

Il Cielo Infinito

Mentre una farfalla monarca svolazza via
Mi lascio andare ad un sospiro rievocativo
e rifletto su tutti gli anni passati
e le lacrime iniziano a sgorgare dai miei occhi.
Mentre siedo qui, in un mondo tutto mio
Penso a tutte le persone a me care che ho conosciuto
e a come ognuna di esse abbia giocato un ruolo vitale
nell'aprire le stanze del mio cuore.
Alcune sono rimaste, e molte altre se ne sono andate
ma il loro ricordo persiste ancora e ancora
poiché ognuna di loro, in un modo unico e speciale
mi ha aiutato a diventare chi sono oggi.
Con ogni parola di conforto, ogni tocco, ogni sorriso
mi hanno aiutato a credere che questa vita ne valesse la pena
mentre i loro cuori riversavano l'amore perfetto di Nostro Signore
che ci era stato donato dall'alto.
Oggi, il suono delle loro voci riecheggia ancora
nel battito d'ali di una farfalla
mi passa accanto delicato e repentino
e scompare nel cielo infinito.
Un giorno, i nostri cammini si incroceranno ancora
ma per adesso, ho trovato pace nel lenire le mie pene
mentre il Divino Padre mi rende partecipe
ancora una volta . . . di come io non sia mai solo.

Maria Dellaventura attualmente risiede a Staten Island, New York. Nel 2018, ha pubblicato il suo primo libro intitolato "Life After Loss: Healing Piece by Peace" in cui condivide con i lettori la sua profonda fede in Dio. Il suo secondo scritto breve include "The Value of Love", "Till I Meet You" che ha ricevuto un premio per la poesia e "Julia".

Linda Dickman

An Ode to the Tomato
For my beautiful aunt.

Oh you glorious fruit!
Fleshy, seedy, wantonly red.
staple of the poor,
stealthy enemy of the wealthy.
Yet, you sat at table with *Queen Margherita*,
celebrated the rebirth of a nation,
red of her flag,
a victory meal of *pomodoro*, mozzarella and basil
Lightly diffused across a round,
still consumed in her honor.

Paired with the salt shaker and a walk,
you are a perfect meal.
Grape, Cherry, Roma, Beefsteak,
Mortgage lifters, Brandywine, BigBoy,
music to my mouth,
hardest to share, home grown most guarded.

The sauce of Thursday nights.
The seed of a family legend.
The aroma rushing from a cauldron,
stirred with a two by four,
served with *amore'*.

Linda Trott Dickman has been writing poetry since her first sleep-away camp experience when she was ten years old. Linda is the author of *Robes, The Air That I Breathe and Road Trip.* She is the current coordinator of poetry for the Northport Arts Coalition (Northport, NY.), leads a poetry workshop for adults at Samantha's Li'l Bit O' Heaven coffee house in East Northport, NY. and works with the Northport Historical Society teaching poetry to children.

Ode al Pomodoro

Per la mia bellissima zia.

O tu frutto glorioso!
Polposo, ricco di semi, gratuitamente rosso.
Alimento base del povero,
nemico furtivo del benestante.
Eppure, ti sei seduto a tavola con la Regina Margherita,
hai celebrato la rinascita di una nazione,
rosso della sua bandiera,
un piatto della vittoria fatto di pomodoro, mozzarella e basilico
Delicatamente spianato in tondo,
ancora oggi consumato in suo onore.

Accoppiato con la saliera e una passeggiata,
tu sei la pietanza perfetta.
A grappolo, ciliegino, Roma, Cuore di bue,
Mortgage lifter, Brandywine, BigBoy,
musica per la mia bocca,
i più difficili da condividere, quelli coltivati in casa i più custoditi.

La salsa dei giovedì sera.
Il seme di una leggenda familiare.
L'aroma che risale da un pentolone,
mescolato con un travetto,
servito con amore.

Linda Trott Dickman ha scritto poesie fin dalla sua prima esperienza al campeggio all'età di dieci anni. Linda è autrice di Robes, The Air That I Breathe and Road Trip. Attualmente è coordinatrice poetica per la Nothport Arts Coalition (Northport, NY.), conduse un seminario di poesia per adulti presso la caffetteria Samantha's Li'l Bit O' Heaven ad East Northport, NY. E lavora come insegnante di poesia per i bambini presso la Northport Historical Society.

Anthony DiMatteo

Not Better Late

On the morning of my resurrection,
I wander streets never seen before,
with little cottages against the sea
immense and lovely to look at.

I walk with Jesus, then chase a newt,
press up against a window to see if
anyone's there where water runs
in a yellow sink. No one is home.

Who knows my name? I walk
at the hour when birds mull about
on lawns in the cool mist. I despair
of eating but recall I have no hunger

except for lingering where linen
left out all night hangs on the line.
A thought stops me dead in my tracks -
how you held me and folded over me

so that I never wanted to die.
Now I have no way to promise you this.

Anthony DiMatteo's chapbook *Fishing for Family* is just out from Kelsay Books. Recent poems have appeared in the *American Journal of Poetry*, *Cimarron Review*, *The Ekphrastic Review*, and *UCity Review*. He defends the mysteries of art and literature at the New York Institute of Technology where he is a professor of English.

Tardi Non è Meglio

Nel mattino della mia resurrezione,
Vago per strade mai viste prima,
piccoli caseggiati fronteggiano il mare
immenso e magnifico da guardare.

Cammino con Gesù, rincorro un tritone,
sbircio ad una finestra per vedere se
c'è qualcuno lì dove scorre l'acqua
in un lavandino giallo. Non c'è nessuno a casa.

Chi conosce il mio nome? Cammino
all'ora in cui gli uccelli volano in cerchio
sui terreni nella foschia fredda. Mi dispero
per mangiare ma mi sovviene che non ho fame

se non per indugiare dove la biancheria
è lasciata tutta la notte appesa fuori.
Un pensiero mi ferma di colpo sui miei passi -
il modo in cui tu mi hai stretto, piegandoti su di me

così che io non volessi mai morire.
Ora non posso più promettertelo.

Il libro di Anthony DiMatteo Fishing for Family è stato appena pubblicato da Kelsay Books. Suoi componimenti recenti sono apparsi sull'*American Journal of Poetry, Cimarron Review, The Ekphrastic Review e sul Ucity Review*. DiMatteo difende i misteri dell'arte e della letteratura al New York Institute of Technology dove ricopre il ruolo di insegnante di inglese.

Tiziano Dossena

The Mirror

I stare at the reflection:
It does not move.
His face carries the signs of time,
He is frowning,
Showing disgust,
But why?
Who is this other me to judge?

I once was a child,
A young man full of hopes
And dreams
And now I have to suffer
His contempt and his sneers
As if he was feeling sorry for me.

But the real me is inside,
Young as always,
Though father and survivor,
Ready to climb the highest mountain,
To play with the sand,
To live in a castle
Without being judged
For what he is not anymore:
That reflection in the mirror.

Born in Milano, Italy, Tiziano Thomas Dossena is the winner of 2019 Sons of Italy's Literary Award. His works have appeared in numerous magazines and anthologies in Italy, France, Greece, Switzerland, Canada and the United States. His latest book is "Sunny Days and Sleepless Nights" a bilingual poetry collection.

Lo Specchio

Fisso quel riflesso:
Non si muove.
La sua faccia porta i segni del tempo,
si acciglia,
mostra disgusto,
ma perché?
Chi è quest'altro me per giudicarmi?

Un tempo ero bambino,
un giovane ragazzo pieno di speranze
e sogni
e ora devo sopportare
il suo disprezzo e i suoi sogghigni
come se provasse pietà per me.

Ma il mio vero io è dentro di me,
giovane come sempre,
per quanto padre e sopravvissuto,
pronto a scalare la montagna più alta,
per giocare con la sabbia,
per vivere in un castello
senza essere giudicato
per quello che non è più:
quel riflesso nello specchio.

Nato a Milano, Italia, Tiziano Thomas Dossena è vincitore del premio letterario Sons of Italy el 2019. Le sue opere sono apparse su molte riviste e antologie in Italia, Francia, Grecia, Svizzera, Canada e Stati Uniti. Il suo ultimo libro è intitolato "Sunny Days and Sleepless Nights", una collezione poetica bilingue.

Gil Fagiani

Good-Bye Bronx

with your hissing steam pipes, alley cats, stickball games, trees
in cement. We're off to the open spaces of Springdale,
Connecticut.
Behind the wheel of the bullet-nosed Studebaker Champion
Dad grins, Mom dabs tears, I wave at the mop shaking
out the tenement window.

Gil Fagiani (1945-2018) was a poet, translator, essayist, short-story writer, and memoirist. He has published eight books of poetry of which *Missing Madonnans* (Bordighera Press, 2018) was the first posthumous and the final in a trilogy that includes *Stone Walls* and *Chianti in Connecticut*; LOGOS (Guernica Editions, 2015), *A Blanquito in El Barrio,* and *Rooks* (Rain Mountain Press); plus three chapbooks, *Crossing 116th Street, Grandpa's Wine* (Poets Wear Prada), *and Serfs of Psychiatry* (Finishing Line Press). A bilingual collection is pending publication.

Addio Bronx*

con i tuoi tubi a vapore che schiano, partite di palla e mazza,
chi nel cemento. Siamo diretti verso gli spazi aperti di Springdale,
nel Connecticut.
Al volante della Studebaker Champion dal naso a
pallottola, papà fa un largo sorriso, mamma si asciuga le
lacrime, io saluto con la mano scopa che si
scrolla dalla nestra della palazzina.

Gil Fagiani (1945-2018) è stato poeta, traduttore, saggista, scrittore di storie brevi e biografo. Pubblicò otto libri di poesia dei quali Missing Madonnans (Bordighera Press, 2018) fu il suo primo postumo e l'ultimo nella trilogia che include *Stone Walls e Chianti in Connecticut*; LOGOS (Guernica Editions, 2015), *A Blanquito in El Barrio,* e *Rooks* (Rain Mountain Press); più tre libri tascabili, *Crossing 116th Street, Grandpa's Wine* (Poets Wear Prada), *e Serfs of Psychiatry* (Finishing Line Press). In attesa di pubblicazione vi è una collezione bilingue.

Kate Fox

Stop. Motion.

He shuffles now
Well
Not even a shuffle
Really
More like
Stop motion
Animation
Though there
Is
No
Animation
The mask in place
Where the smile
Used to be
No twinkle in
The eye
Just a blink
Blank
Hiding my dad
Behind it

Long Island poet, Kate Fox, is a mother, breast cancer survivor, and award winning author of the collections *My Pink Ribbons, Hope, Liars, Mistruths and Perception,* and *Angels and Saints.* Recently, she co-edited her first anthology, The Hands We Hold. She is the producer and host of The Kate Fox Show. www.katespityparty.com

Stop. Motion.

Si trascina adesso
Beh
Non è neanche un trascinarsi
In realtà
Più come una
Animazione
Stop motion
Sebbene sia lì
Non
C'è
Animazione
La maschera al suo posto
Dove c'era un tempo
Il sorriso
Non c'è bagliore
Nei suoi occhi
Solo un battito di ciglia
Vacuo
Che nasconde mio padre
Dietro di sè

Kate Fox, poetessa di Long Island, è una madre, una sopravvissuta alla lotta contro il cancro al seno e autrice vincitrice di premi per le sue collezioni *My Pink Ribbons, Hope, Liars, Mistruths and Perception,* e *Angels and Saints.* Di recente, ha collaborato alla revisione della sua prima antologia The Hands We Hold. È inoltre produttrice e conduttrice del The Kate Fox Show. www.katespityparty.com

Margaret Franceschi

On Golden pond

Morning
Calling
Our loons searching for their love
Echoing
In the air
Welcome back
I'm here

Yellow gold painted sky at sunrise glows bright
Joyfully watching them swimming playing till dusk
Clasping hands tightly upon our hearts hoping that time
Will keep us safe we pray
On Golden Pond

Here our souls live and breathe as we watch falling leaves to
the ground
Reminiscences upon our parentage life here with passing seasons
Then takes us to present time through our family strife
Remembering life began on golden pond

Veil of haze has covered your aged eyes
Treasured moments lost in a maze
Scents of yellow flowers bring healing
Watching your sorrow floods me like a fount

Our harmony quickly fades before my very eyes

Please recall just once the whale sound of our loons again
Calling out to its love as I call to you now
Can you hear me?
Can you see me?
I'm over here

Margaret Franceschini, a daydreamer as a child, became amused with the animals in her backyard. While observing their actions, her imagination developed from writing poems to little stories. As years passed, she dedicated her life to her husband and three children, putting aside her writing. Finally, she returned to school hoping to continue her dreams of writing. With a strong willingness, and with paper and pen, she began to press on and just published her first novel.

Sul Laghetto Dorato

Mattina
Chiamano
I nostri tuffetti in cerca d'amore
Echeggiano
Nell'aria
Bentornati
Sono qui

Un cielo dipinto di giallo oro all'alba risplende luminoso
Guardandoli giocare allegri nell'acqua fino al tramonto
Stringendo le mani intorno ai nostri cuori nella speranza che il tempo
Ci terrà al sicuro, preghiamo
Sullo stagno dorato

Qui le nostre anime vivono e respirano mentre guardiamo le foglie
cadere al suolo
Ricordi della della vita dei nostri genitori qui,
col passare delle stagioni
Ci riportano poi al presente attraverso i conflitti della nostra famiglia
Ricordando che la vita ebbe inizio sullo stagno dorato

Un velo di foschia ha coperto i tuoi occhi ormai vecchi
Momenti preziosi perduti in un labirinto
Il profumo di fiori gialli porta con sé un senso di guarigione
Mentre vedo il tuo dolore inondarmi come una fontana.
La nostra armonia scompare rapidamente proprio davanti ai miei occhi

Ti prego ricorda ancora una volta il verso dei nostri tuffetti

Che richiamano i loro cari come io adesso chiamo te
Riesci a sentirmi?
Riesci a sentirmi?
Sono qui.

Margaret Franceschini, che da bambina sognava spesso ad occhi aperti, era affascinata dagli animali nel suo giardino. Nell'osservare le loro azioni, la sua immaginazione creava poesie e storie brevi. Col passare del tempo, ha dedicato la sua vita al marito e ai suoi tre figli, mettendo da parte la scrittura. Più tardi, è tornata a scuola nella speranza di portare avanti il suo sogno di scrivere. Con una grande forza d'animo, e con carta e penna, è riuscita a pubblicare il suo primo romanzo.

Marisa Frasca

Watermelon

I hold in my hands a slice of watermelon.
I hold within me entire summers,
orchards, seas & continents,
red juicy jubilance running down my chin.

Under the shade of a fig tree
I carry not the shade but the sun.
I carry the old street vendor by the roadside
"Watermelon, Watermelon,
pulp for eating, rind to polish your shoes."

Let me translate how some days
we live with a dual purpose
& in two worlds at once.
Some days loss is nowhere in sight.

Marisa Frasca is a bilingual poet, translator, and the author of Via Incanto: poems from the darkroom (Bordighera 2014) and Wild Fennel: poems and other stories (Bordighera 2019).

Anguria

Tengo tra le mani una fetta di anguria.
Tengo dentro di me intere estati,
frutteti, mari e continenti,
un giubilo di un rosso succoso mi scorre sul mento.

All'ombra di un fico
Porto con me non l'ombra bensì il sole.
Porto con me il vecchio venditore sul ciglio della strada
"Angurie, angurie,
la polpa si mangia, la buccia vi lucida le scarpe."

Lasciatemi tradurre come in alcuni giorni
viviamo con un doppio scopo
e in due mondi allo stesso tempo.
Certi giorni non c'è perdita a vista d'occhio.

Marisa Frasca è una poetessa bilingue, traduttrice e autrice di Via Incanto: poems from the darkroom (Bordighera 2014) e Wild Fennel: poems and other stories (Bordighera 2019).

Glenn Garamella

Yesterday

The older I get, the more I think on the past,
rivers dammed, waters circulate
And turn upon themselves.

The hum of voices feeds me with an echo,
I hear sounds from before.
We are creatures of habit and well-made beds.

Sharp smells pull me back to my roots;
Images appear like footprints in the snow:
Dining room tables, plates of food, wine glasses.

Sprinkling salt, falling stars,
Screen doors open and slam
Red stains color the tablecloth.

Remembering as a child picking ripe tomatoes in the garden,
Is greater than imagining planets circle the sun.
No one could deny this is life, repeated in a song.

Looking in a mirror,
Always something missing.

Memories sit close
They stick in the throat like sad notes from a blue guitar.

I am unable to cut flowers in the old garden,
The vase empty on the shelf.

Glenn Garamella was raised in Douglaston and currently lives with his family in Huntington. He is a graduate of Queens College and NYU.He is a lifelong meditator and student of Eastern religion and spirituality.

Ieri

Più mi faccio vecchio, più ripenso al passato,
arginati i fiumi, le acque circolano
e girano su loro stesse.

Un mormorio di voci mi ciba di un eco,
sento suoni dal passato.
Siamo creature di abitudini e letti rifatti.

Odori pungenti mi riportano alle mie radici;
Immagini appaiono come impronte nella neve:
Tavole da pranzo, pietanze, bicchieri di vino.

Sale sparso, stelle cadenti,
Zanzariere aperte e sbattute
Macchie rosse colorano la tovaglia.

Ricordare che da bambino raccoglievo pomodori maturi nel giardino,
è meglio che immaginare pianeti ruotare intorno al sole.
Nessuno potrebbe dire che questa non è vita, ripetuta in una canzone.

Guardando allo specchio,
Manca sempre qualcosa.

I ricordi si siedono vicini tra loro
Si accumulano nella gola come note tristi di una chitarra blu.

Non posso più tagliare fiori dal vecchio giardino,
Il vaso è vuoto sulla mensola.

Glenn Garamella è cresciuto a Douglaston e attualmente vive con la sua famiglia a Huntington. Si è laureato al Queens College e all'università di NY. Ha sempre praticato la meditazione ed è studente di religioni e spiritualità dell'est.

Florence Gatto

Tuscany

As the Duomo, and Arno river of Florence reflect in the rear
view mirrors
The Maserati hugs the narrow road through Renaissance land and
Leads to a panorama that captivates the senses
Rolling hills bathe in shades of amber
Regal sunflower crowns are guardians of the vineyards while
Poplar spires pierce the sky and lure fluttering doves to coo
in their folds
A gentle breeze brushes a cheek with a whiff of lavender
Could the vista be a dream?
It is Tuscan reality

Florence Gatto leads workshops for The Long Island Writers Guild in
local libraries. She is a columnist for The Golden Lion OSDIA Newspaper. Her memoir The Scent of Jasmine, Vignettes from a Sicilian Heritage (Legas, Kindle) celebrates being an Italophile. She studied with a
Fulbright grant in Perugia Italy and NY teacher seminar in Siena Italy. In
her travels she enjoyed many exciting rides in Italian sports cars!

Toscana

Mentre il Duomo e il fiume Arno di Firenze si riflettono negli
specchietti retrovisori
La Maserati abbraccia la stradina stretta nella terra del Rinascimento
e mi conduce ad un panorama che rapisce i sensi
Colline ondulate si bagnano in ombre ambrate
Corone di girasoli regali fanno da guardia ai vigneti
mentre le guglie dei pioppi penetrano il cielo
e attirano le colombe che svolazzano per tubare
nelle loro pieghe
Una brezza leggera mi carezza la guancia con un sentore di lavanda
Può essere un sogno questa vista?
È la realtà Toscana

Florence Gatto conduce seminari in biblioteche locali per la Long Island
Writers Guild. Lavora come colonnista per il giornale The Golden Lion
OSDIA. La sua biografia The Scent of Jasmine, Vignettes from a
Sicilian Heritage (Legas, Kindle) celebra l'essere un Italofilo. Ha
studiato a Perugia con la borsa di studio del programma Fulbright e a
Siena, per un seminario come insegnante. Nei suoi viaggi si è goduta
molti giri in auto sportive italiane!

Dan Giancola

Terms & Conditions Apply

My dermatologist gives me the once-over.
The examination room's cool & brightly lit.
Every mole, every blemish she scrutinizes
like a scientist discovering a new compound
an astronomer a new, far-off solar system.
Some of these seems suspicious, she says
opening a drawer & removing a scalpel.
She begins slicing bits of skin from her arms
then, looking in a magnifying mirror, trims
layers from her face. There you go, she
says, stay out of the sun. I get dressed.
Feeling so much better, on the way out
I wink at the receptionist & double my co-pay.
I push open the door & hear her say, Your follow-up
exam's in two weeks. Change your dressings every day.

Dan Giancola teaches English at Suffolk County Community College's
Eastern Campus in Riverhead, N.Y. He is the author of several poetry
collections, most recently *Here's the Thing* (Street Press, 2016) and *Exit
Strategy*, a limited edition chapbook from Bullhead Books (2018). He
has just completed a book-length poem, *BIngo!*, and a new manuscript
tentatively titled *Flim Flam*.

Si Applicano Termini e Condizioni

Il mio dermatologo mi dà una rapida occhiata.
La sala medica è fredda e ben illuminata.
Esamina ogni neo, ogni macchia
come uno scienziato che scopre un nuovo composto
come un astronomo che scopre un nuovo distante sistema solare.
Alcuni sembrano sospetti, dice
aprendo un cassetto e prendendo un bisturi.
Comincia a togliere pezzi di pelle dalle sue braccia
poi, guardando attraverso una lente d'ingrandimento,
rifinisce gli strati dalla sua faccia. Ecco fatto,
dice, eviti la luce del sole. Mi rivesto.
Mi sento molto meglio, mentre esco
Faccio l'occhiolino alla receptionist e raddoppio la mia quota.
Apro la porta e la sento dire, la sua visita di controllo
è tra due settimane. Si cambi le medicazioni tutti i giorni.

Dan Giancola insegna inglese al English at Suffolk County Community College's Eastern Campus a Riverhead, N.Y. È autore di diverse collezioni poetiche, la più recente *Here's the Thing* (Street Press, 2016) e *Exit Strategy*, edizione limitata da Bullhead Books (2018). Ha appena completato un componimento lungo dal titolo *BIngo!*, e un nuovo manoscritto provvisoriamente intitolato *Flim Flam*.

Valerie M Griggs

The Thing About Gardens

Gardens grow the ancient tales of love and slaughter.
Take Hyacinthus: this beautiful mortal from Sparta
enchanted Zephyrus, Boreas, and Thamyrus;
he chose Apollo to be his lover.
A friendly competition, a west wind,
and a discus to the head gave us the flower
that bears his name, and a painting
by Jean Broc (1801).Then there's Echo,
the dissed nymph, who tossed Narcissus
into his own reflection. Where Attis,
god of vegetation, fell dead
(by a jealous lover), violets sprouted.
Adonis, son of the myrrh tree,
raised by the Underworld's Queen,
felled by a wild boar sent by
the envious Artemis, gave us the red anemone.
Year after year, in backyards,
botanical gardens, and boxes
on the windowsill, Nature's spring song
tells the story: death and rebirth,
destruction erased with efflorescence.
Where have all the flowers gone?
Gone to graveyards, everyone.

Born in Brooklyn, NY, Valerie Griggs earned an MFA in Creative Writing at Brooklyn College (1985) studying with John Ashbury and William Matthews. She enjoys being part of the vibrant community of poets on Long Island. Since 2003, she has pursued songwriting and has recorded three original music CDs. Ms. Griggs works as a   full-time writing consultant and adjunct English instructor at Molloy College.

Il Bello dei Giardini

I giardini portano con loro antichi racconti di amore e carneficine.
Prendete Giacinto: questo magnifico mortale di Sparta
ha incantato Zefiro, Borea e Tamiri;
scelse Apollo come suo amante.
Una competizione amichevole, un vento dell'ovest,
e un colpo alla testa ci donarono il fiore
che porta il suo nome, e un dipinto
di Jean Broc (1801). Poi c'è Eco,
la ninfa maledetta, che gettò Narciso
nel suo stesso riflesso. Dove Attis,
dio della vegetazione, morì
(per mano di un amante geloso), fiorirono viole.
Adone, figlio dell'albero di mirra,
cresciuto dalla Regina dell'Oltretomba,
abbattuto da un orso selvaggio mandato
dall'invidiosa Artemide, ci ha donato l'anemone rossa.
Anno dopo anno, nei cortili,
nei giardini botanici, e nei vasi
sui davanzali, la canzone primaverile della Natura
ci racconta la storia: morte e rinascita,
distruzione cancellata dalla fioritura.
Dove sono finiti tutti i fiori?
Nei cimiteri, tutti quanti.

Nata a Brooklyn, NY, Valerie Griggs ha conseguito un master in scrittura creativa al Brooklyn College (1985) studiando con John Ashbury e William Matthews. Ama essere parte della vibrante comunità di poeti di Long Island. Dal 2003, si è occupata di scrivere canzoni e ha inciso tre dischi di produzione propria. Lavora inoltra come consulente full time di scrittura e come assistente istruttrice di inglese al Molloy College.

Geneva Favata Hagar

Facing North

A hurricane came through
in movable tremulous waves.

I felt the pain of the hostage pines,
their branches bending, breaking.

Leaves replaced birds in tempest clouds,
as flustered wrens sought shelter.

Scudding rain for backup came.
The wind outran the reckless.

This madness left as fast it came.
Winsome memories returned.

Gray to pure blue skies, a centered sun,
white clouds, white butterflies…

Geneva Favata Hagar lives in Melville, N.Y. She has a BFA from Stony Brook University. Geneva has published four books of poetry and has been accepted for inclusion in several Long Island anthologies.

Guardando a Nord

Arrivò un uragano
Con onde tremolanti.

Sentii il dolore dei pini tenuti in ostaggio,
I loro rami si piegavano e spezzavano.

Foglie presero il posto degli uccelli
in nuvole di tempesta,
mentre scriccioli agitati cercavano riparo.

Arrivò la pioggia battente a dare man forte.
Il vento superò in velocità gli avventati.

Questa pazzia andò via rapida come era arrivata.
Memorie seducenti ritornarono.

Cieli dal grigio divennero di un puro blu, un sole alto in cielo
nuvole bianche, bianche farfalle...

Geneva Favata Hagar vive a Melville, NY. Ha una laurea in belle arti conseguita presso la Stony Brook University. Geneva ha pubblicato quattro libri di poesie e le sue opere sono state incluse in diverse antologie di Long Island.

Barbara Fragoletti Hoffman

Mother's Day

I'm chilled
as the poet reads
about the colonel spilling
dried human ears on the table
then she starts talking
about the secret conversations
she taped for archbishop romero
and I wonder what I have done

she was collecting
information on oppression
and torture in el salvador
and I was wiping my kid's nose
and reading 50 ways to serve
ground beef

she was steaming
through central american jungles
and I was sitting
in the emergency room of the hospital
my crying five-year-old
curled around my six-month belly

she was the voice on paper
telling the secrets of the ones
whose tongues were cut out
I was riding the silver horse
on the carousel
holding my child
feeling the quiver
down her back
up my heart

eyes red from chopping onions
I shape a meatloaf for dinner
wait for the kids to come home
and the poet is at the airport
leaving for south africa
another book on her mind

Barbara Fragoletti Hoffman is widely published in poetry journals and anthologies. Subject of Channel 21 show, Originals: Arts on Long Island. Chapbooks: *Lilacs from the Truck* and *The Life & Hard Times of*
...

Festa della Mamma

Ho i brividi
mentre la poetessa legge
di come il colonnello sparge
orecchie umane essiccate sul tavolo
Poi inizia a parlare delle
conversazioni segrete
che ha registrato per l'arcivescovo Romero
ed io mi chiedo cosa ho fatto

Mentre lei raccoglieva informazioni
sull'oppressione e sulle torture
in El Salvador
Io asciugavo il naso a mio figlio
E leggevo 50 modi per servire
la carne macinata

mentre lei attraversava
la giungla dell'America Centrale
io me ne stavo seduta
nella sala d'emergenza dell'ospedale
con mio figlio di cinque anni che piangeva
rannicchiato sul mio pancione di sei mesi

lei era la voce della stampa
che raccontava i segreti
di coloro le cui lingue erano state tagliate
e io andavo in groppa al cavallo argentato

del carosello
tenendo in braccio mio figlio
avvertendo un brivido
lungo la schiena
e su fino al cuore

occhi rossi mentre taglio le cipolle
Preparo un polpettone per cena
aspetto che i bambini ritornino a casa
e la poetessa è all'aeroporto
lascia il Sud Africa
con un altro libro in mente.

Le opere di Barbara Fragoletti Hoffman sono state vastamente pubblicate su riviste di poesia e antologie. Di lei se ne è parlato anche nello show del canale 21, Originals: Arts on Long Island. Libri: *Lilacs from the Truck* e *The Life & Hard Times of* ...

Dinamarie Isola

Undone

I'm sorry
my mouth couldn't utter
words you needed
more than me

Fear steals my voice
Pride, my offensive line
Paralyzed, not indifferent,
only one part of me
can function at a time
Against my heart's flutter,
everything stills
That calm
rattles my knees,
knits my fingers

I don't care, darling—
I care too much
It flattens me
I've not turned away to move on;
my back a privacy screen
as I quietly collect
the springs that have popped,
put them in place

so no one knows
the power you have to
undo me

Dinamarie Isola works as an investment advisor and writes a plain-English personal finance blog, "RealSmartica." Her work has been featured in Penumbra Literary and Art Journal and Five on the Fifth, and is forthcoming in Apricity Magazine, Evening Street Review and Nixes Mate Review.

Disfatto

Mi dispiace
la mia bocca non è riuscita a pronunciare
le parole di cui avevi bisogno
più tu che io

La paura mi ruba la voce
L'orgoglio, la mia linea offensiva
Paralizzata, non indifferente,
riesce a funzionare
solo una parte di me alla volta
Contro il battito del mio cuore
tutto resta fermo
Quella calma
mi fa tremare le ginocchia,
mi lega le dita

Non mi importa, mio caro -
Mi importa così tanto
che mi opprime
Non ti ho voltato le spalle per andare avanti;
la mia schiena è uno schermo che mi ripara
mentre colleziono silenziosamente
le molle che sono saltate fuori,
le rimetto al loro posto
così che nessuno sappia
il potere che hai
di disfarmi

Dianmarie Isola lavora come consulente finanziario e scrive su un blog di finanza personale tutto in in inglese, "RealSmartica." Le sue opere sono apparse sul Penumbra Literary and Art Journal e sul Five on the Fifth, e saranno disponibili anche sulla rivista Apricity, sulla Evening Street Review e sulla Nixes Mate Review.

Denise Kolanovic

Embarrassed To Be Italian

Dark eyes and hair,
Dreaming of Sophia Loren,
I want to be her.
So I embrace my heritage
From Elba and Naples,
With special delicacies –
Grandpa's recipes: pulpo salad,
Lasagna with white sauce, fig stuffed with walnuts.
I go into the world where
My name, ending in a vowel,
Is inferior.
So I change my name,
Eat turkey, eliminate my New York accent,
(though I never learned to speak Italian)
And lose myself in the process.

Denise Kolanovic is an English/ENL teacher and a poet. She has been published in *Whispers and Shouts, Reckless Writing, Long Island Quarterly, Walt's Corner, Celiyd, Bards Anthologies, PPA Anthologies,* and others. She co-edited *Eve's Legacy* and authored *Asphalt Sounds,* Fore Angels Press: 2004.

Imbarazzata di essere italiana

Occhi e capelli scuri,
Sogno di Sophia Loren,
Voglio essere come lei.
Così abbraccio il mio retaggio
Dall'Elba e da Napoli,
Con speciali prelibatezze -
Le ricette del nonno: insalata di polpo,
Lasagna con besciamella, fichi imbottiti di castagne.
Entro in un mondo in cui
Il mio nome, che finisce per vocale,
è considerato inferiore.
Quindi cambio nome,
Mangio tacchino, tolgo il mio accento di New York,
(anche se non ho mai imparato a parlare italiano)
E perdo me stessa in questo processo.

Denise Kolanovic è un'insegnante di inglese e poetessa. Le sue opere sono apparse in *Whispers and Shouts, Reckless Writing, Long Island Quarterly, Walt's Corner, Celiyd, Bards Anthologies, PPA Anthologies*. Ha collaborato all'edizione di *Eve's Legacy* e diretto *Asphalt Sounds*, Fore Angels Press: 2004.

Phyllis Korzendorfer-Ruggerio

The Italian Language, a Joy

When I hear the Italian dialect, I think
of the first language I heard as a child
from my dear parents, Italian dialect

We children around age four, Mama would say
you speak to me in English
I will answer you in Italian

When our mother would meet
with friends from Northern Italy
she would speak "school Italian"
I would think, "What a wonder!"

The Italian language I have studied
at school is very different
from most dialects spoken at home
I would think, "What a wonder!"

Many Italian songs
whether in dialect, classical or opera
make me emotional
with memories of religious feasts,
so many different celebrations!

At every opportunity, I enjoy speaking Italian
with relatives in Italy and in America
It is a joy for me to teach the beautiful
Italian language to my students
I say Bravo Dante Alighieri
A marvelous feat; only
was it necessary to have
so many different verbs

Phyllis Korzendorfer-Ruggieri, After H.S. worked as an English secretary. Then attended Latin-American Institute, became a Spanish-English secretary in NYC. Later in life attended college for Bilingual Education, Spanish-English, also took Italian classes. Have taught and tutored Spanish and Italian. Married to Kenneth, have 3 daughters and 2 grandchildren. Live in Nassau County, N.Y.

La lingua italiana, una gioia

Quando sento il dialetto italiano, penso
alla prima lingua che ho sentito da bambino
quella che parlavano i miei cari genitori,
il dialetto italiano

A noi bimbi di quattro anni, la Mamma diceva
parlatemi in inglese
e vi risponderò in italiano

Quando nostra madre incontrava
i suoi amici dal nord Italia
parlava "l'italiano scolastico"
ed io pensavo "che meraviglia!"

La lingua italiana che ho studiato
a scuola è molto diversa
dalla maggioranza dei dialetti parlati a casa
Eppure pensavo "che meraviglia!"

Molte canzoni italiane,
che siano in dialetto, musica classica o opera
mi rendono emotivo,
mi ricordano le feste religiose,
e tante altre festività!

Quando posso, mi diverto a parlare italiano
con i miei parenti in Italia e in America.
È una gioia per me insegnare la magnifica

lingua italiana ai miei studenti.
Dico bravo a Dante Alighieri
Una prodezza meravigliosa; però
era proprio necessario avere
così tanti verbi

.

Phyllis Korzendorfer-Ruggieri, dopo le scuole superiori ha lavorato come segretario di inglese. Poi ha frequentato l'Istituto Latino-Americano ed è diventato segretario di Ispano-Anglofono a NYC. Successivamente, ha frequentato il college per avere un'educazione bilingue, spagnolo e inglese, e ha seguito anche un corso di italiano. Ha insegnato spagnolo e italiano. Sposato con Kenneth, ha tre figlie e due nipoti. Vive nella contea di Nassau, N.Y.

Tara Lamberti

Tide Hopes

As a child, salty men began to line the docks in May. I would
wave to them, reading punny boat
names until I got to slip 81, where our old SeaCraft was tied up.
Odd, I now recall that our own vessel went unnamed even though
my father was quite the
seafarer - reeling in sharks from the Atlantic, forever in boat
shoes, and perennially tan.
Perhaps he gave up naming ships that sank. He resurrected that
one after Gloria swept through
and sent her to the bottom of the Forge in '85.
He was never one to throw away anything that could be saved.
The water was my father's escape – it was liquid after all.
I found solace in the sea as well, underwater all summer long, a
mermaid barely breaching the
surface of the pool. I loved looking up to see the world distorted
and discolored.
Never a stranger to the dark and deep, Dad, a former wreck diver,
would don his weighted belt to
patch up the holes in my "lagoon."
 And now I wonder if the two of us were indeed mer-creatures,
biding time on land until we
could be set free.
I fished with my father but rarely, if ever, alone. Otherwise we
might speak about things besides

Fluke and Flounder our way through emotions.

In that small SeaCraft that had come back to life so many years ago we ventured out. As I gazed

into the cloudless sky haunting piano notes arose from our little beige alarm clock radio.

The sound of High Hopes rocked me like the wake beneath the boat as we undulated with the

waves. The ringing of the Division Bell awakened something in side me.

The vastness of the ocean and the world seemed to flow into my consciousness; how everything

is still and fleeting at the same time. I knew at 15 that this moment was immeasurable.

My dad and I were silent; our rods melodically click click clicking as Pink Floyd said the words

we didn't speak.

25 years later this memory of mere moments remains, and Dad is now a part of the big machine

– the water flowing, the endless Forge River, forever and ever.

Speranze di marea

Da bambino, vedevo gli uomini del mare iniziare
ad affollare le banchine a maggio.
Li salutavo, mentre leggevo i nomi delle barche finchè
non arrivavo al numero 81 dove era ormeggiata la nostra SeaCraft.
Strano, adesso mi ricordo che la nostra nave rimase senza nome
anche se mio padre era un vero marinaio -
pescava squali nell'Atlantico,
indossava sempre scarpe da barca ed era perennemente abbronzato.
Forse rinunciò a dare nomi a navi che sarebbero affondate.
Ne resuscitò una dopo che l'uragano Gloria fece il suo passaggio
e la mandò sul fondo del Forge nell'85.
Non era tipo da gettare via qualcosa che poteva essere salvato.
Il mare era la via di fuga di mio padre - era liquido dopo tutto.
Ho trovato consolazione in acqua anche io, sott'acqua durante
tutta l'estate, una sirena che a malapena riemergeva in superficie,
in piscina. Mi piaceva guardare il mondo distorto e scolorato
da lì sotto.
Mai stato estraneo all'oscurità e alle profondità, mio padre,
un ex sommozzatore, indossava la sua cintura con i pesi
per rattoppare i buchi nella mia "laguna."
E adesso mi domando se davvero noi due fossimo creature di mare,
che passavano il tempo sulla terra in attesa di essere liberate.
Ho pescato insieme a mio padre ma, raramente o quasi mai da soli.
Altrimenti avremmo parlato di troppe emozioni, mentre pescavamo.
Nella nostra piccola SeaCraft tornata in vita così tanti anni fa,
andavamo all'avventura.
Mentre fissavo il cielo privo di nuvole, note di pianoforte si sentivano
 provenire dalla nostra piccola sveglia radio beige.

Il suono di High Hopes mi ha scosso come la scia sotto la nostra barca
mentre dondolavamo con le onde.
Il risuonare di Division Bell ha risvegliato qualcosa dentro di me.
La vastità dell'oceano e del mondo sembrava scorrere
 nella mia coscienza; tutto è fermo e si muove allo stesso tempo.
Sapevo già a quindici anni
che questo momento era incomparabile.
Mio padre ed io restammo in silenzio; le nostre canne da pesca
scattavano metodicamente mentre i Pink Floyd suonavano
e non non parlavamo.
25 anni dopo questo ricordo di momenti puri e semplici resta ancora,
e mio padre è ora parte della grande macchina -
l'acqua che scorre, il grande fiume Forge senza fine, per sempre.

Billy Lamont

pure white light

the persistence
the persistence of memory
like the painting by salvador dali
my darling, dance with me on the edge of night!
dance with me until new love sings with first light!

a pure heart is keenly vulnerable
when a heart fully charged with love is rejected
the soul's wound is horrible!
in this solitary moment Lord i pray
baptize my naked soul with grace in motion
real LOVE is greater than a feeling or emotion
the cross precedes the crown but for a season!

shhh...the language of this mystic dawn
is yet to be born in the words of the poet priest king
visionary dreamer
sense the intuitive abstract spiritual
time is infinite
& time is finite
& this suffering is only for a season!
pure white light
my darling, dance with me on the edge of night!
dance with me until new love sings with first light!

pure white light
tranquil center
enter LOVE

white the harmony from which all color was created
white, the harmony from which all color was created

blessed hope beyond Babylon

Billy Lamont is a multimedia poetry performer who has performed on national television a number of times, including MTV and Joe Franklin Show, toured and performed with rock festivals such as Lollapalooza, and appeared on major radio stations across the U.S. He has three books of poetry and eight poetry with music CD/digital download releases. His latest December 2019 book of poetry edition: *Words Ripped From A Soul Still Bleeding: Poems For The Future Edition* is available at Barnes And Noble and Amazon as a paperback or as an eBook.

Pura luce bianca

la persistenza
la persistenza della memoria
come un dipinto di salvador dali
mia cara, balla con me sull'orlo della notte!
balla con me finchè un nuovo amore canta con le prime luci!

un cuore puro è intensamente vulnerabile
quando un cuore pieno di amore viene rifiutato
la ferita dell'anima è terribile!
in questo momento solitario Signore io prego
battezza la mia anima nuda con grazia
il vero AMORE è più grande di un sentimento o un'emozione
la croce precede la corona ma solo per una stagione!

shhh...la lingua di questa mistica alba
non è ancora nata nelle parole del re, prete e poeta
sognatore visionario
che avverte come il tempo
intuitivo astratto e spirituale sia infinito
e il tempo è finito
e la sofferenza dura solo una stagione!
pura luce bianca
mia cara, balla con me sull'orlo della notte!
balla con me finchè un nuovo amore canta con le prime luci!

pura luce bianca
centro placido
entra AMORE

bianca è l'armonia dalla quale tutti i colori sono stati creati
bianca, l'armonia dalla quale tutti i colori sono stati creati

speranza benedetta oltre Babilonia

Billy Lamont è un poeta multimediale che si è esibito n programmi tv
nazionali diverse volte, inclusi MTV e il Joe Franklin Show, ha condotto
tour e si è esibito a diversi rock festival come il Lollapalooza, e ha fatto
la sua apparizione sulle principali trasmissioni radio in tutti gli Stati
Uniti. Ha scritto tre libri di poesie e ha inciso otto cd di poesie, scarica-
bili anche digitalmente. La sua ultima edizione poetica è del dicembre
2019: Words Ripped From A Soul Still Bleeding: Poems For The Future
Edition. La trovate al Barnes And Noble e su Amazon in edizione
tascabile o ebook.

Maria Lisella

I Listen

I see them in a heaven steamy with kitchen vapors.
Zi' Catuzza rolling her napkin into tootsie rolls
repeating her mantra, "No man is good enough for any woman."
She had a bad husband I tell myself.
Zi' Folle presses vanilla scented *pizzelle*
Cugina Lisabetta beats an octopus into submission
cooks it pink, tender, drizzled with olive oil, sprinkled with
oregano.

Laughter, I hear it among them, I am
on the other side of the curtains one of them sewed –
it matches the tablecloths, the aprons,
made of remnants gathered from the sweatshop floor.
Not allowed to banter, I am invisible, but I see them.

Through the drone of my mom's lunch report today,
"I heated up the salmon you gave me, my knees are talking
to me all day, so I stayed in, then I made myself a nice cup of
coffee..."
I want to moan, I tune her out, yet hear
Zi' Catuzza's other mantra, "You only get one mother..."

Mom says, "I had a busy night last night, everyone came,
my room was full."

The march of the unrestful dead: husband, sisters, cousins.
She says, "My mother reminded me of all the things
we used to make for Christmas.
Stuffed olives, pickled zucchini, eggplant salad..."
I snap to attention
scribble down the recipes.

Maria Lisella is the sixth Queens Poet Laureate and now an Academy of American Poets Poet Laureate Fellow. Twice nominated for a Pushcart Poetry Prize, her collections include *Thieves in the Family* (NYQ Books), *Amore on Hope Street*, and *Two Naked Feet*. She co-curates the Italian American Writers Association readings, and is a travel writer by profession.

https://poets.org/poet/maria-lisella

Ascolto

Li vedo in un paradiso fatto di vapori da cucina.
Zi' Catuzza che arrotola il suo tovagliolo intorno a dei dolcetti
mentre ripete il suo mantra, "Nessun uomo è degno di una donna."
Doveva avere un marito cattivo, mi dico.
Zi' Folle che schiaccia pezzelle all'aroma di vaniglia
Cugina Elisabetta che batte un polpo,
lo cucina fino a farlo diventare rosa, tenero,
lo cosparge di olio di oliva e origano.

Le sento ridere tra loro, io sono dall'altro lato delle tende,
una di queste cucita a mano -
è coordinata con la tovaglia, i grembiuli,
è fatta con i resti presi dalla fabbrica.
Non ho il permesso di fare chiacchiere, resto invisibile, ma le vedo.

Sento il ronzio del resoconto giornaliero di mia madre,
"Ho riscaldato il salmone che mi hai dato, le ginocchia
mi hanno fatto male tutto il giorno,
perciò sono rimasta in casa e mi sono fatta una bella tazza di caffè…"
Vorrei lamentarmi, la ignoro, eppure sento
l'altro mantra di Zi' Catuzza, "Di mamma ce ne è una sola…"

Mamma dice, "Sono stata impegnata ieri sera, sono venuti tutti,
la stanza era piena."

La marcia dei morti senza riposo: marito, sorelle, cugini.
Dice, "Mia madre mi ha ricordato tutte le cose
che preparavamo a Natale.

Olive ripiene, zucchine sott'aceto, insalata di melanzane…"
Scatto sull'attenti
e mi annoto le ricette.

Maria Lisella è la sesta Poetessa Laureata del Queens e ora socia dell'American Poets. Nominata per due volte per il Premio di Poesia Pushcart, le sue collezioni includono *Thieves in the Family* (NYQ Books), *Amore on Hope Street*, e *Two Naked Feet*. Collabora all'edizione delle letture per l'Associazione di Scrittori Italo-Americanni, ed è una scrittrice di viaggi professionista. https://poets.org/poet/maria-lisella

LindaAnn LoSchiavo

La Festa di Santo Bartolomeo [Feast of St. Bartholomew], August 24th

Apostle, patron saint of Stromboli:
Volcanic island whose horizons can
Look white and helpless, where today's *festa*
Attracted steady streams of visitors,
Who smelled grilled meats, intestine-cased *salsicce*
But don't recall he preached the gospels' words
To unbelievers in Armenia,
While dark clouds curled in secret union, pieced
Raw growing fears that bulked, made up some minds
Not to convert, Bartolomeo's speech
Not gaining weight, not nicking sins enough.

Resistance smoked men's hearts, erupting doubts.
An executioner removed his skin
As masterfully as life put it there.

Sicilians, tutored by his martyrdom,
Return in non-volcanic years, the air
Aware of light once punctured, crimson pulped
By lava's urgent whims of fired winds
Dislodging sins from souls, skin spun goose-bumped
Imagining what's up earth's thin-crust slccvc.

Some pause in feasting, pray, appreciate
Plain stationary plays of fickle time
In Sicily, night's silence speaking loud.

LindaAnn LoSchiavo is a dramatist, writer, and poet. Her poetry chap-books "Conflicted Excitement" [Red Wolf Editions, 2018], "Concupiscent Consumption" [Red Ferret Press, 2020], and "A Route Obscure and Lonely'" [Wapshott Press, 2020] along with her collaborative book on prejudice [Macmillan in the USA, Aracne Editions in Italy] and fiction anthology "A Feast of Narrative" [Idea Press, 2020] are her latest titles. She is a member of The Dramatists Guild and SFPA.

La Festa di Santo Bartolomeo,   24 Agosto

Apostolo e santo patrono di Stromboli:
isola vulcanica i cui orizzonti possono sembrare
bianchi e senza speranza, dove la festa di oggi
ha attirato folle di visitatori,
che sentono il profumo della carne arrostita, delle salsicce di intestino
ma non ricordano che ha predicato le parole dei vangeli
ai miscredenti in Armenia,
mentre nuvole scure si riunivano,
crude paure che crescono e si ingrossano, fanno decidere qualche testa
a non convertirsi, il discorso di Bartolomeo
non funziona, non riesce a scacciare abbastanza peccati.

La resistenza ha offuscato i cuori degli uomini, ha fatto crescere dubbi.
Un boia ha rimosso la sua pelle
con la stessa maestria con cui vi era stata posta la vita.

I Siciliani, guidati dal suo martirio,
ritornano ad anni non vulcanici, l'aria
consapevole della luce un tempo perforata, spappolata di rosso
dall'urgente capriccio della lava, con venti infuocati
a rimuovere i peccati dalle anime, pelle d'oca
Immaginando cosa c'è sotto il sottile strato della terra.

Una pausa tra i banchetti e le preghiere, per apprezzare
il piatto e immobile gioco del tempo mutevole
in Sicilia, il silenzio della notte parla forte e chiaro.

LindaAnn LoSchiavo è una drammaturga, scrittrice e poetessa. I suoi libri di poesia "Conflicted Excitement" [Red Wolf Editions, 2018], "Concupiscent Consumption" [Red Ferret Press, 2020], e "A Route Obscure and Lonely'" [Wapshott Press, 2020] insieme al suo libro sul pregiudizio [Macmillan in the USA, Aracne Editions in Italy] la sua antologia "A Feast of Narrative" [Idea Press, 2020] sono gli ultimi titoli prodotti. È inoltre socia della Gilda dei Drammaturghi e del SFPA.

Maria Manobianco

How Many Words
for Nick

Alone with thoughts
larger than my day
I fill spaces with memories
recycled and mixed into
new perceptions
How many times can I say
"I miss you."
I see the empty side of the bed
and feel your hand holding mine
until I turn away and sleep.
How many times can
"I walk the hall of portraits,"
notice your arm
gently wound around my waist.
How many times can I say
"Thank you, for welcoming
my mother to live in our home."
How your small gifts
like beautiful peaches or her favorite
ice cream made her smile.
The truth is, I'll never find
enough words.

Maria Manobianco's poetry books, Between Ashes and Flame, The Pondering Self , and a Young Adult Fable, The Golden Orb. She was Archivist for NCLS 2007-2015 and served NCPL committee. In 2015, Maria received a pushcart nomination for Sonnet, "On Meditation." She received a BS from NYU and a MA from Adelphi.

Quante Parole
per Nick

Da sola con i miei pensieri
più grandi di tutto il mio giorno
Riempio gli spazi con i ricordi
riciclati e li mescolo
dentro nuove percezioni.
Quante volte posso dire
"Mi manchi."
Guardo il lato vuoto del letto
e sento la tua mano che stringe la mia
finchè non mi giro e dormo.
Quante volte posso dire
"Cammino lungo i corridoi di ritratti,"
vedo il tuo braccio
cingermi la vita.
Quante volte posso dire
"Grazie, per aver accolto
mia madre a vivere a casa nostra."
Come i tuoi regali
come deliziose pesche sul suo gelato preferito
l'hanno fatta sorridere.
La verità è che non troverò mai abbastanza parole.

I libri di poesie di Maria Manobianco sono: Between Ashes and Flame, The Pondering Self , e a Young Adult Fable, The Golden Orb. È stata archivista per il NCLS 2007-2015 e ha lavorato nel comitato del NCPL. Nel 2015, Maria è stata nominata al premio Pushcart per il suo sonetto "On Meditation." Si è laureata al NYU e ha un master da Adelphi.

Rosemary Mckinley

Sea Cliff

Perched high on a cliff
This one- mile square village
Emits scents of the sea
Both misty and salty
At the village's end
That attracted a Methodist group of tent dwellers
A century and a half ago

Unique in an island of cookie cutter homes
It still retains a detailed glimpse of the past
With its wrap around porches, colorful gingerbread homes,
And tree-lined streets
So much so that if I close my eyes,
I am transported to that earlier time

Each time I return
I understand why my grandfather
Chose to settle here long ago
It mirrors a view of another sea he once saw
That emits scents of the Adriatic Sea
Both misty and salty

Rosemary (Giordano) McKinley is an eclectic author who has had poetry, short stories, and articles published, as well as three books: 101 Glimpses of the North Fork and Islands, the Wampum Exchange, and Captain Henry Green, a whaler. She is a retired history teacher and has lived on Long Island for most of her life.

www.rosemarymckinley.com

Scogliera Sul Mare

Appollaiato in alto su una scogliera
Questo piccolo villaggio quadrato
Emana odori di mare
Spumosi e salini
Alla fine del villaggio
Che ha attratto un gruppo Metodista che abitava in tende
Un secolo e mezzo fa

Unico su un'isola di case fatte con lo stampino
Resta ancora come uno scorcio dettagliato sul passato
Con i suoi porticati a più lati, casette di marzapane colorate,
e strade a tre vie
Se chiudo gli occhi,
riesco a tornare indietro nel tempo

E ogni volta che torno indietro capisco perchè mio nonno
scelse di mettere radici qui tanto tempo fa
Riflette la vista di un altro mare che un tempo vide
Emana l'aroma di Mar Adriatico
Spumoso e salino

Rosemary (Giordano) McKinley è un'autrice eclettica che ha pubblicato poesie, storie brevi e diversi articoli, oltre che tre libri: 101 Glimpses of the North Fork and Islands, the Wampum Exchange, e Captain Henry Green, a whaler. È insegnante di storia in pensione e ha vissuto a Long Island per gran parte della sua vita.

www.rosemarymckinley.com

Vincenzo Milione

Ready to Fall

Holding in my every thought,
Can't feel the sensations,
I had once sought.
I keep on longing to be free.
I can't understand,
Why I can't be me.
I know myself,
Yet, I'm confused.
People know me,
Yet, I'm misunderstood
Standing on cross roads
Choosing to be still.
Picking up money
From paved hills.
I know my future,
Yet, it knows not me.
Destiny commands,
But I don't obey.
I once could have felt,
Now I feel no more.
I stand on ice,
And can't hear the knocking
On the door.
Seating behind me

Is someone, I would like meet.
We take turns, staring at
Each other's seat.
Yet, I feel I have done this before,
Many times in the past,
I am sure.
Knowing, what will become of this affair,
I question my existence here.

Pronto alla Caduta

Tenendo dentro di me tutti i miei pensieri,
non riesco ad avvertire le sensazioni,
che un tempo tanto ho ricercato.
Agognavo di essere libero.
Non riesco a capire,
Perchè non posso essere me stesso.
Mi conosco,
Eppure, sono confuso.
Le persone mi conoscono,
Eppure non vengo compreso.
Sono ad un bivio
e resto fermo.
Raccolgo denaro
da colline asfaltate.
Conosco il mio futuro,
Eppure esso non mi conosce.
Il destino mi comanda,
ma io non obbedisco.
Una volta avrei potuto provare qualcosa,
ma adesso non sento nulla.
Sto sul ghiaccio,
non riesco a sentire bussare
alla porta.
Seduto dietro di me, c'è qualcuno
che vorrei conoscere.
Ci voltiamo a turno, a guardare il posto dell'altro.
Eppure sento di aver già fatto tutto questo in passato,

Molte volte,
Ne sono sicuro.
Già sapendo cosa sarà di questa storia,
metto in dubbio la mia esistenza qui.

Greg Moglia

Chased

Mother asks 7 year-old me Did Nonno chased Nonna
around the apartment with a broom?
I stop - look up at the four adults
Mom, Dad, Grandma, Grandpa
Mom again Did he?
Yes, I mumble...yes...I look away
And Mother so tough,
so firm in family matters
turns to my Father says
See! and walks away
On my weekend visits to
my grandparents Manhattan apartment
I never see another time
when my paternal Grandpa Pietro
powerful and fierce tempered
ever threatened anyone again
Yet for decades I had no thought of
Mother's stand for the rights of her kind
In the 1950's domestic violence
against the weaker sex lived in silence
Here's Mother to war against it
In all else she had bought into the homemaker life
The role as chief parent to two boys
Cook and clean - the 'Good Housekeeping' wife to Dad

129

I saw as a child her searing demands to family values
A way to be treated, and if there is abuse, take charge against it
So even into an Italian-American patriarchy she took it on
My father at the moment of Mother's question to me
Only his look at his father's silence in the face of truth
After all these years I know this much
As a Dad of two daughters
I can visit my Mother's stone
and say Thank you

Greg Moglia is a veteran of 27 years as Adjunct Prof of Philo of Ed at N.Y.U and 37 years as a high school teacher of Physics. He debut chapbook of poems LOST BUT MAKING GOOD TIME is from FINISHING LINE PRESS – 2017 He is 10 times a winner of an ALLAN GINSBERG POETRY AWARD from the PATERSON LITERARY JOURNAL His first book of poetry A MAN IS NOT SUPPOSED TO GIVE IN TO TEARS is from CYBERWIT PRESS-. 2019. He lives in Huntington, N.Y

Rincorsa

Mia madre chiede al me bambino di 7 anni
Nonno ha rincorso la Nonna per la casa, con una scopa?
Mi fermo - guardo i quattro adulti
Mamma, Papà, Nonna, Nonno
Mamma di nuovo, Lo ha fatto?
Sì, mormoro...sì...distolgo lo sguardo
E mia Madre, così dura,
così ferma negli affari di famiglia
si gira verso mio Padre e dice
Vedi! e se ne va via
Nelle visite ai miei nonni nel weekend
nel loro appartamento a Manhattan
non ho mai più visto mio nonno Pietro,
dal temperamento potente e feroce, minacciare qualcuno.
Eppure per anni non ho mai saputo che mia madre
marciava per i diritti delle donne
Negli anni 50 la violenza domestica contro
il sesso debole esisteva in silezio
Ed ecco che mia madre combatteva contro tutto questo
aveva ricoperto il ruolo della casalinga
come genitore capo di due ragazzini
Cucinava e puliva - faceva la "Buona casalinga" per papà
La vidi da bambino pretendere nuovi valori di famiglia
Un nuovo modo di essere trattata, e se c'era un abuso,
prendervi posizione contro.
Quindi anche in un patriarcato Italo-Americano lei affrontò
mio padre, che quando mia madre gli fece quella domanda
guardò soltanto in silenzio, messo di fronte alla verità

Dopo tutti questi anni almeno questo lo so,
Come padre di due figlie
Quando vado a far visita alla tomba di mia madre
e le dico Grazie.

Greg Moglia ha insegnato per 27 anni come assistente professore di filosofia all'Università di NYC e per 37 anni come professore di fisica alle superiori. Ha debuttato con il libro di poesie LOST BUT MAKING GOOD TIME publlicato con la FINISHING LINE PRESS – 2017 Ha vinto per 10 volte il premio ALLAN GINSBERG POETRY del PATERSON LITERARY JOURNAL. Il suo primo libro di poesie A MAN IS NOT SUPPOSED TO GIVE IN TO TEARS è stato pubblicato dalla CYBERWIT PRESS-. 2019. Vive ad Huntington, N.Y

Rita Monte

I find you in my dreams

so very often

i find you in my dreams
a sense of you inundates me
the sea,
the little church

the schoolhouse
playing games in the streets
simple

fun games,
the warm summer nights
fireflies lighting up the sky

ice cream melting on my little fingers
mamma calling out
"dinner is ready"!

the inebriating sent of the " zagara" flower
permeating in the night air

picking lemons from the tree
and eating them with salt

how sweet they tasted!

Souvenirs' of
my childhood home
my care free life

my enchanted island
my birth land
Sicily

Rita Monte wrote her first poem called "Italy" upon arriving in the United States at age 12. She has since won several poetry contests such as, Princes of Ronkonkoma. She has read her poems and short stories for several organizations and cultural events. Some of her work has been published in literary magazines, the Nassau County Poet Laureate Society Review, Bards Annual Anthology and No Distance Between Us," Nessuna Distanza Tra Noi," Italian American poets of Long Island. Rita has studied creative writing at Nassau Community College and attends writing workshops regularly, run by the Long Island Writers Guild. She is currently working on her first book of poetry, inspirational quotes and short stories.

Ti Trovo nei Miei Sogni

cosi' spesso
ti ritrovo nei miei sogni
un senso di te m'inonda l'anima

il mare
la piccolo chiesa
la scuola
giocare per strada
semplici giochi divertenti

le calde notti d'estate
mentre le lucciole illuminano il cielo
il gelato che si scioglie fra le mie piccole dita
mamma che chiama
 per dire… la cena e pronta!

Sento
l'odore inebriante della zagara
del gelsomino
che permeano nell'aria notturna

E'poi raccogliere limoni dall'albero
e mangiarli con del sale
come'rano dolci!

Son tutti ricordi
ricordi della mia infanzia
della mia vita spensierata
della mia isola incantata
della mia terra natia

la mia amata Sicilia

Rita Monte ha scritto la sua prima poesia, chiamata "Italy" quando è arrivata negli Stati Uniti all'età di 12 anni. Da allora ha vinto diverse competizioni poetiche come ad esempio, Princes of Ronkonkoma. Ha dato lettura delle sue poesie e delle sue storie brevi per diverse organizzazioni ed eventi culturali. Alcuni dei suoi lavori sono stati pubblicati su diverse riviste letterarie come la Nassau County Poet Laureate Society Review, Bards Annual Anthology e "Nessuna Distanza Tra Noi,". Rita ha studiato scrittura creativa al Nassau Community College e frequenta seminari di scrittura con regolarità, organizzati dalla Gilda di Scrittori di Long Island. Attualmente sta lavorando al suo primo libro di poesie, citazioni e storie brevi.

C R Montoya

Brooklyn Gardens

Brook-a-lean, as Grandma used to say –
Brooklyn by any other name.
Coney Island, Steeplechase Park,
strolls on Ocean Parkway.
Back then, horses still trotted on the center aisle,
the fragrance left in their wake
opened breathing passages,
that you'd wish were sealed.
There were brick homes and backyards,
gathering places, an oasis for the gardens.
The typical garden - tomatoes, peppers,
basil, arugula, eggplants, and more.
The mere mention of these staples
enlivens taste buds, conjuring visions of pasta,
smothered in salsa di Pomodoro.
The tart taste of the Insalata,
seasoned by a tiny woman with her magic wand,
her wooden spoon.
That spoon possessed a wizard's touch
as it passed through an aged agate pot,
the contents would transform
into Italian Ambrosio.
Pasta, handmade to perfection
who can resist its power?

Al dente, was the Fiera del Giorno.
Da Vinci would be proud
of how grandma blended her ingredients
until she was satisfied, though not totally
until we sat and ate.
That's when I knew real happiness
yes, the food!
My petite grandmother lit up
like a holiday tree
as she watched us enjoy,
soak up every drop
and get up, requiring space to move.
You remember, don't you?

Sunday, the day of la Famiglia.
Manga, manga ringing in my ears
so much of what we enjoyed
was from the garden,
delivered to a table, garnished with love
and overflowing with Grandma's elation.
It flowed from the outside,
to the kitchen,
to satisfied tummies.
Now I wonder,
what was the garden
the plants or the kitchen?
Maybe it was neither,
for the genuine nourishment
flourished as the family ate and conversed.

CR Montoya has written a series of children's stories narrated by Papa The Happy Snowman. In 2020 he started self-publishing his series in two genres. Adventures with Papa the Happy Snowman and Learning and Growing with Papa The Happy Snowman. Being out running, especially on trails, is a source for inspiration. He an avid reader and enjoys challenges. CR resides in Massapequa, NY where he can often be found running in the preserve.

Visit Papa at - papathehappysnowman.com

Giardini di Brooklyn

Brook-a-lean come diceva la nonna -
Brooklyn per chiunque altro.
Coney Island, Steeplechase Park,
le passeggiate sulla Ocean Parkway.
A quel tempo i cavalli ancora trottavano sulla navata centrale,
la fragranza che lasciavano apriva via respiratorie,
che avresti preferito restassero chiuse.
C'erano case di mattoni e cortili,
luoghi di ritrovo, una oasi per i giardini.
Il tipico giardino - pomodori, peperoni,
basilico, rucola, melanzane e molto altro.
Il solo menzionare questi alimenti
ravviva le papille gustative, visioni invitanti di pasta,
immersa nella salsa al pomodoro.
Il gusto croccante dell'insalata,
condita da una piccola donna con la sua bacchetta magica,
il suo cucchiaio in legno.
Quel cucchiaio aveva in sè il tocco di un mago,
mentre passava in un vaso antico di agata,
il contenuto si trasformava
in Ambrosio Italiano.
Pasta, fatta a mano alla perfezione,
chi può resistere al suo potere?
Al dente, era la fiera del giorno.
Da Vinci sarebbe fiero
di come la nonna ha unito gli ingredienti
finché non era soddisfatta, per quanto non lo era mai del tutto
finché non ci sedevamo a mangiare.

Ecco quando conobbi la felicità
sì, il cibo!
La mia cara nonna si illuminava
come un albero di Natale
quando ci guardava mangiare,
assaporare ogni goccia
e alzarci, per camminare un po'.
Te lo ricordi, vero?

Domenica, il giorno della famiglia.
Manga, manga mi risuona nella testa
molto di quello di cui godevamo
proveniva dal giardino,
messo sulla tavola, guarnito con amore
e traboccante dell'entusiasmo della nonna.
Fluiva dall'esterno,
fino alla cucina,
e a stomaci soddisfatti.
Ora mi chiedo
qual era il giardino,
le piante o la cucina?
Forse nessuno dei sue,
poiché il vero nutrimento
prosperava mentre la famiglia mangiava e conversava.

CR Montoya ha scritto una serie di storie per bambini narrata da Papa The Happy Snowman. Nel 2020 ha iniziato ad auto-pubblicare le sue serie in due generi. Adventures with Papa the Happy Snowman e Learning and Growing with Papa The Happy Snowman. Correre, soprattutto fra i sentieri, è una grande fonte di ispirazione. Montoya è un avido lettore e ama le sfide. Risiede a Massapequa, NY dove potrete spesso trovarlo a correre nella riserva.

Visitate il suo sito - papathehappysnowman.com

Mark Nuccio

Mr. Bianti

Me?

An Old Italian man.
I came here long ago.
Now, I sit in my garden
Watching over my eggplants,
Tomatoes (four kinds),
My peppers (sweet and hot),
My Zucchini, pole beans,
Romaine lettuce and peas,
Fig trees and grapes on the arbor,
My leafy greens that I cook up
With garlic and fresh olive oil,
Sent by my neighbors cousins
Direct from Agrigento.

But oh! St. Joseph help me!
I forgot the melons!
Such sweet melons!

Now I ask you why?
After tilling, planting, watering,

Weeding and scaring of birds
While caring for my horse "Parma",
Would I want to argue with anyone?

Mark C. Nuccio, Poet and author: Works published in three chapbooks (Connecting Tides -2001, A Winter Prayer – 2003 This Broken Day-2008) ''Salvaging Hope'' 2017 A collection of works from 2010 -2016. Many maritime historical, environmental articles, short stories, and essays published. As an Artist: Series of three woodcuts based on Walt Whitman owned by Library of Congress, Walt Whitman Collection. Wood cut Portrait of Whitman displayed next to the original "Leaves of Grass'' in the Whitman Rarities Exhibit at the Library of Congress for Whitman's 200 th Anniversary and visited by a million and a half people. Artist in many collections throughout the country Married for 52 years to fellow artist Linda M. Nuccio

Il Sig. Bianti

Io?

Sono un vecchio uomo italiano.
Sono venuto qui tanto tempo fa.
Ora, siedo nel mio giardino
Guardo le mie melanzane,
i pomodori (quattro tipi),
I miei peperoni (dolci e piccanti),
Le mie zucchine, i fagioli
la lattuga romana e i piselli,
alberi di fico e uva sul pergolato,
le verdure che cucino
con aglio e olio d'oliva fresco,
mandatomi dai cugini dei miei vicini di casa
direttamente da Agrigento.

Ma oh! San Giuseppe mi aiuti!
Mi sono dimenticato i meloni!
Meloni così dolci!

Ora ti chiedo perchè?
Dopo aver arato, piantato, innaffiato,
tolto le erbacce e scacciato gli uccelli
mentre bado al mio cavallo "Parma",
perchè dovrei voler discutere con qualcuno?

Mark C. Nuccio, poeta e autore: i suoi lavori sono stati pubblicati in tre libri (Connecting Tides -2001, A Winter Prayer – 2003 This Broken Day-2008) ''Salvaging Hope'' 2017 Una collezione di opere dal 2010 - 2016. Ha pubblicato molti articoli di storia marittima e ambientale, storie brevi e saggi. In qualità di artista: una serie di tre xilografie basate su Walt Whitman, che si trovano alla Biblioteca del Congresso, nella collezione di Walt Whitman. La sua incisione in legno Ritratto di Whitman è esposta accanto all'originale "Leaves of Grass'' all'interno dell'Esibizione Whitman Rarities alla Biblioteca del Congresso per l'Anniversario dei 200 anni di Whitman, visitata da un milione e mezzo di persone. Artista le cui collezioni sono disseminate in tutto il paese, è sposato da 52 con l'artista Linda M. Nuccio

Tammy Nuzzo-Morgan

Aftermath

I went down to the river,*
to wait for the water to move
me; one in need of cleansing.
I went down to the river,
to listen for answers
in a language long forgotten.
I went down to the river,
to draw up in cupped hands
the blood of Christ, before the wine.
I went down to the river,
to baptize body, bones, bruised soul
with only birds witnessing.
I went down to the river,
to burn out the stench of cruelty and
pray the spirits of my six sisters peace.

*Life is Fine, Langston Hughes

Tammy Nuzzo-Morgan is the first woman to be appointed Suffolk County Poet Laureate (2009-2011). She was the Long Island Poet of the Year awarded by the Walt Whitman Birthplace. She is the founder and president of The North Sea Poetry Scene, Inc., publisher of The North Sea Poetry Scene Press and the editor of Long Island Sounds Anthology. She has been honored with a Long Island Writers Group Community Service Award, and the MOBIOUS Editor-In-Chief's Choice Award. Tammy holds MBA and MFA degrees and recently received her Ph.D. She is the author of six chapbooks of poetry and an adjunct Long Island University and Mahanaim. She is the founder and now the director of an archival/arts center for Long Island poetry.

148

L'Indomani

Andai giù al fiume,*
ad aspettare che l'acqua mi smuovesse;
avevo bisogno di essere purificato.
Andai giù al fiume,
ad ascoltare le risposte
in una lingua a lungo dimenticata.
Andai giù al fiume,
per raccogliere a mani giunte
il sangue di Cristo, prima del vino.
Andai giù al fiume,
per battezzare il corpo, le ossa, la mia anima ferita
con soltanto gli uccelli a farmi da testimoni.
Andai giù al fiume,
per bruciare il fetore di crudeltà e
pregare gli spiriti delle mie sei sorelle per avere un po' di pace.
   *Life is Fine, Langston Hughes

Tammy Nuzzo-Morgan è stata la prima donna ad essere nominata Poetessa Laureata della Contea di Suffolk (2009-2011). È stata Poetessa dell'anno di Long Island, insignita dal Walt Whitman Birthplace. È fondatrice e presidentessa di The North Sea Poetry Scene, Inc., publisher of The North Sea Poetry Scene Press e curatrice dell'antologia Long Island Sounds. È stata insignita del premio Long Island Writers Group Community Service, e del MOBIOUS Editor-In-Chief's Choice Award. Tammy ha due lauree e ha da poco ottenuto un dottorato. È autrice di sei libri di poesie e assistente alla Long Island University e in Mahanaim. È inoltre la fondatrice e attuale direttrice del centro e archivio delle arti poetiche a Long Island.

Joan Vullo Obergh

Pupedra...

...my Sicilian grandmother called me
little doll*. her broken English was
as limited as my Americano
grasp of Italian.
Even without a literal translation
the pride in her voice sustained me
and I grew up in the conviction
I was the darling of the universe.
In college, when I learned of
my grandmother's passing,
the tender Rosetta Stone bond of love
between us lost, I remembered
her small busy hands as she
fried polpetta with raisins and pignoli,
the only way she knew
I would eat them, the truth of
Sacra Famiglia still lost in my innocence.
Until a year later when my grandfather,
bereft by her death and legally blind,
hung himself in the basement
of the family home in Bayside.
I tried to offer a suitable prayer
that might grant him the church's salvation
so he could be buried alongside

my grandmother in the cemetery.
Instead I could only pray pubedra
and how the soft syllables
could make me feel as loved
as our Sunday meals did.

Pupedra...

...mia nonna siciliana mi chiamava
bambolina*. Il suo inglese spezzato era
limitato tanto quanto la mia americana comprensione
dell'italiano.
Anche senza una traduzione letterale
l'orgoglio nella sua voce mi ha sostenuto
e sono cresciuta nella convinzione
che fossi preziosa a tutto l'universo.
Al college, quando ho saputo della morte
di mia nonna, il tenero legame d'amore
Rosetta Stone tra noi andò perduto, mi ricordo
le sue piccole mani impegnate a friggere polpette
con uva passa e pinoli, l'unico modo in cui sapeva
io riuscissi a mangiarle, la verità della Sacra Famiglia
tutt'ora persa nella mia innocenza. Fino ad un anno dopo
quando mio nonno, in lutto per la sua morte e legalmente cieco,
si impiccò nel seminterrato della casa di famiglia a Bayside.
Ho cercato di offrirgli una preghiera adatta
che gli garantisse la salvezza in chiesa
così che potesse essere sepolto accanto a mia nonna.
Invece, riuscii solo a pregare pubedra
e il modo in cui quelle soffici sillabe sapevano farmi
sentire amata così come facevano i pranzi della domenica.

Lisa Marie Paolucci

Gentrification

A photograph of an elderly woman
with thick arms
and a sleeveless housedress
is posted on the otherwise bare wall
of an Italian and Southern American restaurant
on Columbia Street in Red Hook, Brooklyn

Her arms set straight out in front of her
her fingers clutch a knife
her breasts rest on the table
and she stares out into the room at explorers
of the small cobblestoned neighborhood who
twirl *bucatini* on their forks
eat artichokes with green goddess dressing
widen their eyes over plates of *pappardelle*
with ham hocks and collard greens

The review I read of the restaurant calls her
an Italian *nonna*
a work of art
the only one hanging
to convey simplicity

I think of my own Italian *nonna* who spent years of her life
on Coffey and Conover Streets
serving warm plates of pasta
at her father's Red Hook restaurant
to sailors and longshoremen

Who, in later years, had thick arms
that could be in photographs
hanging on walls in new Red Hook restaurants
one hand clutching a knife
staring out at explorers

Lisa Paolucci is an assistant professor of Education at St. Francis College in Brooklyn, New York. She received her Ph.D. in English Education from Columbia University. Formerly, she taught high school English in Bensonhurst, Brooklyn. Her poems have been published in *Ovunque Siamo* and *#me too, anch'io (2020.)*

Ingentilimento

Una fotografia di una donna anziana
con braccia grosse
e un vestito da casa senza maniche
è esposta sul muro altrimenti vuoto
di un ristorante italiano e sud americano
sulla Columbia Street il Red Hook, a Brooklyn

Ha le braccia tese in avanti
le dita tengono stretto un coltello
il suo petto appoggiato al tavolo
e lei osserva la stanza e gli esploratori
del vicinato fatto di sanpietrini
che arrotolano i bucatini sulle forchette
mangiano carciofi conditi alla perfezione
sgranano gli occhi sui piatti di pappardelle
con zampone e cavolo

La recensione del ristorante che ho letto la chiama
una nonna italiana
un'opera d'arte
l'unica appesa
per trasmettere semplicità

Penso alla mia stessa nonna italiana che ha trascorso anni
della sua vita tra Coffey e Conover Street
a servire piatti caldi di pasta
nel ristorante di suo padre il Red Hook
a marinai e scaricatori di porto

Mia nonna che, anni dopo, avrebbe avuto braccia grosse
da fotografare e appendere
alle pareti dei nuovi ristoranti di Red Hook
una mano a stringere un coltello
mentre fissa gli esploratori

Lisa Paolucci è assistente professoressa di Educazione al St. Francis College in Brooklyn, New York. Si è laureata in Educazione Inglese alla Columbia University. In precedenza ha insegnato inglese alle superiori a Bensonhurst, Brooklyn. Le sue poesie sono state pubblicate su *Ovunque Siamo* e *#me too, anch'io (2020.)*

Pragati Pascale

Evensong

Midsummer vespers –
Bird-choirs fill
The darkening sky
With holy song.
From tree to tree
They string their
Twittering mantras,
Prayer flags fluttering
In the silence –
Deep peace.

Pragati Pascale, whose father's family hailed from a village outside Naples, grew up on Long Island but became a global citizen at an early age. She has worked as a communications strategist and media spokesperson for the United Nations for many years, and a number of her poems have been inspired by her extensive travels. She has read her work at several UN events, and been published in various informal literary magazines.

158

Preghiera Della Sera

Vespri di mezza estate
I cori degli uccelli riempiono
il cielo che si oscura
con una canzone sacra.
Di albero in albero
intonano i loro mantra fatti di cinguettii,
bandiere di preghiere svolazzano
nel silenzio -
Una pace profonda.

Pragati Pascale, la cui famiglia da parte del padre proviene da una cittadina appena fuori Napoli, è cresciuta a Long Island ma è diventata cittadino internazionale a una giovane età. Ha lavorato come stratega delle comunicazioni e portavoce dei media per le Nazioni Unite per diversi anni e diverse sue poesie si sono ispirate ai suoi lunghi viaggi. Ha dato lettura delle sue opere a diversi eventi delle Nazioni Unite e i suoi scritti sono stati pubblicati su molte riviste letterarie.

Anthony Pellegrino

A Visit To The Mother Land

When I first set foot
Upon Italian foreign soil
I could not speak but
A few words of the land
I soon found out
That the universal language
Of love transcends
Any and all barriers
That may stand in the way
The moment I saw her
Standing on Mount LAGAZUOI
My spirit was lifted
And I knew I was hooked
For it was at that moment
My Italian princes came into my life

Beyond all human reason
Emotion set in
My heart rod a little faster
And I gave her a ring
20 years have gone by
And I think love is grand
I shall always gratefully remember
My visit to the Italian motherland

Una visita alla Terra Madre

Quando misi piede per la prima volta
sul suolo straniero dell'Italia
Non sapevo dire altro se non
poche parole di quella terra
Presto scoprii
che il linguaggio universale
dell'amore trascende
qualsiasi barriera
possa mai esistere
Nel momento in cui la vidi
sul monte LAGAZUOI
Il mio animo fu sollevato
E seppi di essere intrappolato
Perchè in quel preciso momento
La mia principessa italiana entrò nella mia vita

Aldilà di ogni ragione umana
Quell'emozione si fece strada dentro di me
Il mio cuore prese a battere un po' più veloce
E le diedi un anello
sono ormai passati 20 anni
ed io penso che l'amore sia una cosa meravigliosa
Ricorderò per sempre con gratitudine
La mia visita alla madrepatria italiana.

Charles Pellegrino

Hometown bars and Buddhas

If you've ever been in the cinders
you'll know this
the incubation
the chrysalis is the crux of the biscuit
our favorite bar is back
a phoenix on dog feet
we come to lap at its door
which still opens in
duck in for a few and sometimes too many
on a saturday or the rest of the days that end in y
It's the day drinkers who have the best stories
another tourist wants to know where Jack sat
Live music tonight!
guitar chords tangle and tug at the locals and trippers alike
the hot moms in their Audis slide by
come in to slum it
drunk on bitterness and tequila
they get their fill of slick intentions from the
remaining clammers, leftover daytime celebrities and,
world weary bartenders
I'm surprised to see Dave
in a crowd of aging punkers
Skaflaws tonight!
pushin that gone electric jamaican beat

Dave is the Buddha
and I tell him that, he gets all midwestern farmhand
and starts the the aww shucks bullshit
I say no it's true, there are others
 but not dime a dozen you know

Part II The Work

Dave washes down the trowel
with a half lit cigarette in his mouth
he's trying to relight it
as it melts in his wet hand, throws it to the wind
it's a hot bug plus danger across the yard
there's defeat in his breath
slicks back his hair (what's left of it)
says "I ain't gettin any younger pal"
with a grin (what's left of it)
he wipes the backsplash
days come into focus and others wash in a haze
past the bars and harbors
the big houses up the hills back of town
days laid out edge to edge
No whiskey till we grout

Charles Pellegrino splits his time between Brooklyn and Long Island, the Catskills and the Sound. He's currently working on a project surrounding his 30 years as a Steamfitter.

Bar della mia città natale e Buddha

Se siete mai stati nelle ceneri
saprete che
l'incubazione
la crisalide è il punto cruciale del biscotto
il nostro bar preferito è tornato
una fenice sui piedi di un cane
veniamo a lambire la sua porta
che ancora ci accoglie dentro
a volte in pochi a volte in troppi
di sabato o negli altri giorni della settimana
Sono i bevitori diurni che hanno le storie migliori
un altro turista vuole sapere dove si è seduto Jack
Musica live stasera!
Accordi di chitarra ingarbugliano e tirano sia
persone del posto che viandanti,
le mamme fighe nelle loro Audi passano per di qua
vengono nei bassifondi
ubriache di amarezza e tequila
fanno il pieno di intenzioni lascive
su chi vuole rimorchiarle, sulle celebrità fallite e
sui baristi esausti
Mi sorprendo nel vedere Dave
in una folla di vecchi musicisti punk
Stasera gli Skaflaws!
Suonano quel ritmo elettronico giamaicano ormai passato di moda

Dave è il Buddha

e glielo dico, si atteggia a bracciante del Midwest
e inizia a dire no dai cazzate
E io gli dico no è vero, ce ne sono altri
ma non a bizzeffe, sai

Parte II Il Lavoro

Dave lava a fondo la cazzuola
con mezza sigaretta in bocca
sta cercando di riaccenderla
mentre si scioglie tra le sue mani bagnate, la getta al vento
è una mosca pericolosa che vola per il giardino
c'è sconfitta nel suo respiro
si getta indietro i capelli (o quello che ne è rimasto)
e dice "Non sarò mai più giovane, amico mio"
con un gran sorriso (o quello che ne è rimasto)
si asciuga lo schizzo del gabinetto
giorni che passano a fuoco e altri annebbiati
tra i bar e i porti
le grandi case su in collina alla periferia della città
giorni disposti da ciglio a ciglio
niente whiskey finchè non ci svecchiamo.

Charles Pellegrino divide il suo tempo tra Brooklyn e Long Island, il
Catskills e il Sound. Attualmente lavora a un progetto che riguarda i suoi
30 anni di esperienza come installatore di impianti di riscaldamento.

Tony Policano

Black Raven

I dreamed a black raven landed on my shoulder
it was an honor to give it perch yet I worried for my eyes
that they could be snatched-out and taken
that he'd fly back to from where he came
and I don't need to be reminded, the eyes are the windows of
the soul
but my eyes now had wings and my soul a window seat
into all things transcendent.

Beating resolutely against an opposing wind
then saving strength - gliding - when the time was right
the sea under me and the land too, was still
and the stars up above in the night unveiled
a cold dark sky inside that only God could fill.

And I named my raven Poe then Blake,
King David, Bob Marley, Maya Angelou,
Woody, Walt and Emily, Saint Francis and Saint Clare
with each name I called the raven screeched
reverberating in market squares and in the ears of
common folk below.

More than anything the Psalms seek to quell our fears and worry,
trust not in princes and in sons of men in whom there are no

rewards,

though the gates of heaven are narrow and the seeds of faith
are small
I put my trust in the Lord Almighty and in the raven's claws.

Anthony Policano is a board member of the Long Island Poetry Collective and has served as managing editor of Xanadu, their national poetry anthology. Anthony currently moderates a weekly Zoom workshop hosted by the LIPC. His poetry has been selectively published in many print and online journals. In addition to poetry he enjoys photography, bicycling, paddleball and can often be seen swimming in saltwater pools of magical realism.

Corvo Nero

Ho sognato che un corvo nero atterrava sulla mia spalla
era un onore per me fargli da trespolo eppure avevo
paura per i miei occhi, che me li potesse strappare via
e prenderseli
che potesse volare via da dove era venuto
e non mi serve che me lo ricordino, gli occhi sono lo specchio
dell'anima
ma i miei occhi ora avevano ali e uno scorcio su ciò che trascende.

Mordendo con risolutezza contro un vento contrario
poi risparmiando le forze - planando - quando è il momento giusto
il mare sotto di me e la terra anche, erano fermi
e le stelle sopra di me, nella notte svelavano
un cielo nero e freddo dentro che soltanto Dio poteva colmare.

Chiamai il mio corvo Poe e poi Blake,
Re Davide, ob Marley, Maya Angelou,
Woody, Walt ed Emily, San Francesco e Santa Chiara
ad ogni nome che dicevo il corvo strideva
riverberando nelle piazze dei mercati e nelle orecchie
dei passanti.

Più di ogni cosa i salmi biblici cercano
di sedare paure e preoccupazioni,
non fidatevi di principi e figli di uomini nei quali non c'è ricompensa,
sebbene i cancelli del Paradiso siano stretti e i semi della fede piccoli,
ripongo la mia fiducia nel Signore Onnipotente
e negli artigli del corvo.

Anthony Policano è membro della Long Island Poetry Collective ed ha lavorato come curatore manageriale di Xanadu, la loro antologia poetica nazionale. Attualmente gestisce un seminario settimanale su Zoom offerto dalla LIPC. La sua poesia è stata pubblicata su diversi giornali e riviste. Oltre alla poesia, ha una passione per la fotografia, il ciclismo, il paddleball e lo potrete trovare spesso a nuotare in piscine salate di magico realismo.

Nino Provenzano

On A Country Path I Saw

While traveling on a narrow country path,
overgrown with bramble bushes,
I heard a moaning from somewhere:
an animal or human? I could not say.
I saw a mothering dog, lying on the ground.
So thin she was, her ribs I could count,
and there were puppies suckling so hard,
they seemed to tear her flesh apart.
That mother's nipples were stained with blood,
the pups were not disposed to reason.
I was upset, and pushed them away,
tumbling at a distance from the mother's shadow.
The young rushed back, charging at me,
showing their fangs, growling in anger.
I bent down to grab some pebbles
and I took a stance, but just at that moment,
the mother stood up, so weak to stand,
shaking, and jaws shut.
With a wolf like gurgling sound,
staring at me ferociously,
moving closer, her eyes on fire.
She would tear me to pieces
for getting her justice,
and certainly not mine!!!

Nino Provenzano was born in Sicily, and lives in the United States. He is Vice President of Arba Sicula, a cultural literary organization that promotes Sicilian culture in the world. Nino has published three Anthologies of bilingual poetry, Sicilian-English. His latest "Footprints in the Snow" was presented at St. John's University last September 2016.

Su un Sentiero di Campagna Ho Visto

Mentre viaggiavo su un stretto sentiero di campagna,
dove cespugli di rovi crescevano indisturbati,
sentii un lamento da qualche parte:
animale o umano? Non lo sapevo.
Vidi una cagna con i suoi cuccioli, distesa sul terreno.
Era così magra, che le si potevano contare le costole,
e c'erano i suoi cuccioli a succhiare così forte,
che sembrava stesso per tirarle via la carne.
I capezzoli della madre erano ricoperti di sangue,
i piccoli non ragionavano.
Arrabbiato, li spinsi via,
facendoli ruzzolare lontano dall'ombra della madre.
I cuccioli si affrettarono a tornare indietro, attaccandomi,
mostrandomi le zanne e ringhiandomi contro.
Mi abbassai a prendere qualche pietruzza
e feci per tirarle, ma in quel momento,
la madre si alzò, per quanto debole,
tremante e le mascelle si chiusero.
Con un suono gorgogliante come quello di un lupo,
mi fissò con ferocia,
avvicinandosi, gli occhi di fuoco.
Mi avrebbe fatto a pezzi
pur di avere giustizia,
e di sicuro non la mia!!!

Nino Provenzano è nato in Sicilia e vive negli Stati Uniti. È vicepresidente di Arba Sicula, un'organizzazione culturale letteraria che promuove la cultura siciliana nel mondo. Nino ha pubblicato tre antologie di poesie bilingue, siculo-inglesi. La sua ultima opera "Footprints in the Snow" è stata presentata alla St. John's University nel settembre del 2016.

Phyllis C. Quiles

Morning Song

Morning Song

Morn,
just barely begun
introduced me
to a rising sun.
Fearing Sun
would be
too strong,
breathy Wind
made his presence
known.
Feathered friends celebrated,
chirping
a new day's song.
Ocean, too, rejoiced,
rolling,
rocking,
rhythmic
tide.
Here, on this
turquoise
painted day,
silent God

audibly
abides.

Phyllis C. Quiles is a poetess endeavoring to express our shared human experience through words. She hopes others can relate to, enjoy, and find solace in her efforts. Several of her poems have appeared in other published anthologies.

Canzone del Mattino

Canzone del Mattino

Mattino,
appena iniziato
mi ha introdotto
al sole nascente.
Sole pauroso,
troppo forte,
Vento ansimante
rese nota la sua presenza.
Amici piumati fecero festa,
cinguettando
la canzone di un nuovo giorno.
L'oceano, anche, si rallegrò,
con una ondeggiante,
oscillante,
ritmica
marea.
Qui, in questo
giorno dipinto
di turchese,
Dio silenzioso
chiaramente
dimora.

Phyllis C. Quiles è una poetessa che cerca di esprimere la nostra esperienza di umani attraverso le parole. La sua speranza è che gli altri possano sentirsi connessi e godere dei suoi sforzi. Molte delle sue opere sono apparse in diverse antologie pubblicate.

Karen Ranieri

The Vet

The years drag by
The emptiness endures
The memories of a nightmare
Our world a losing war

Fighting an enemy
My eyes could not see
I say a prayer
And hide behind a tree

The darkness scares me
The grenades and bullets fly
My buddy lies beside me
I beg him not to die

Dreams of a future, I planned before I left
I now dream to stay alive
To see my mom, touch my child

They spat at me as I journeyed home
The protests of clean-cut children
No clue of pain
It was not a game
How I saved your life

The cries echo in the slumber of my night
There is no rest in my sleep
Will I ever feel alright?

My skin is weathered
My heart is cracked
I mourn for the men in a faded photograph

Move on to tomorrow
While honoring the past
I am here for you till the end
I am your forever buddy and friend

Karen Ranieri 's poems have been published in "Bard's Annual", "No Distance Between Us" and in her local newspaper. While pursuing her degree in Television and Radio, she won WNWK's radio station contest for her documentary on Cosmetic Surgery. She enjoyed her career in the entertainment industry for many years, but now works in education assisting students with special needs. Recently, Karen became Treasurer to the, "I Think I Love You Animal Foundation" a 501(c)3 charity. Karen is excited to be transcribing interviews for an author's upcoming book about David Cassidy's solo music career.

Il Veterano

Gli anni passano
Il senso di vuoto persiste
I ricordi di un incubo
Il mondo che perde la guerra

Combattendo contro un nemico
che i miei occhi non riescono a vedere
Prego
E mi nascondo dietro un albero

L'oscurità mi spaventa
Volano granate e proiettili
Il mio compagno giace accanto a me
Lo scongiuro di non morire

Sogni di un futuro, che avevo pianificato prima di partire
Ora sogno di restare in vita
Di rivedere mia madre, toccare mio figlio

Mi sputavano addosso mentre rientravo a casa
Le proteste dei bambini a modo
Senza alcuna idea del dolore
Non era un gioco
Vi ho salvato la vita
Le urla riecheggiano nel mio sonno notturno
Non c'è riposo nel mio dormire
Mi sentirò mai bene?

La mia pelle è segnata dalle intemperie
Il mio cuore spezzato
Sono in lutto per quegli uomini in una fotografia sbiadita

Vado verso il domani
Onorando il passato
Sono qui per voi fino alla fine
Sono il vostro compagno e amico per l'eternità

Le poesie di Karen Ranieri sono state pubblicate su "Bard's Annual", "Nessuna Distanza Tra Noi" e sul suo quotidiano locale. Mentre studiava per ottenere la laurea in Televione e Radio, ha vinto il contest della stazione radio WNWK con il documentario sulla chirurgia estetica. Ha avuto una lunga carriera nell'industria dell'intrattenimento, ma adesso lavora nel campo dell'educazione occupandosi di fare sostegno. Di recente, Karen è diventata tesoriera dell'istituzione di carità "I Think I Love You Animal FoundatioN". Karen si sta anche occupando della trascrizione di interviste per l'imminente pubblicazione del libro sulla carriera musicale di David Cassidy.

Christina M. Rau

Reunion

That steam comes up off the lake—
a cool mist.
Fog of dewy dawn after
late-night heat—
thick air cooled.

Earth and sky
Sky and earth
as above below
and above again.

In the break
when the world is pink
sunlimbed and swift
the splice of horizon
versus time
comes together.

Oh, Ohio mornings
from up on a green hill
from fields and fields of corn
a sweetness suited for lazy
day hours.

A coming together after years not meant.
Wait—it's not steam.
It's memory
wisping all around
a quite mind
a settled mind
that roots deep—
a grandeur devoted
to living. A gratitude
devoted to all.

Christina M. Rau serves as the 2020-2021 Poet In Residence for Oceanside Library (NY) and was chosen as the Walt Whitman Birthplace 2020 Long Island Poet of the Year. She authored the Elgin Award winning sci-fi fem poetry collection *Liberating The Astronauts* and the chapbooks *WakeBreatheMove* and *For The Girls, I.*
[www.christinamrau.com]

Incontro

Quel vapore che risale dal lago -
una foschia fredda.
Nebbia umida della rugiada dell'alba
dopo il calore della tarda notte -
aria raffreddata.

Terra e cielo
Cielo e terra
sopra così come sotto
e di nuovo sopra.

All'alba, quando il mondo è rosa
toccato dal sole
il punto di congiunzione tra l'orizzonte
e il tempo
si unisce.

O mattine in Ohio
dall'alto di una verde collina
da campi e campi di granturco
una dolcezza adatta a pigre
ore giornaliere.

Un incontro dopo anni non destinati.
Aspetta - non è vapore.
È un ricordo
che fluttua tutto intorno
una mente quieta

una mente appagata
che mette radici nel profondo -
una grandezza votata
a vivere. Una gratitudine
devota a tutto.

Christina M. Rau lavora come poetessa per l'anno 2020-2021 nella Oceanside Library (NY) ed è stata nominata Poetessa dell'anno di Long Island per il Walt Whitman Birthplace 2020. Si è occupata della collezione di poesa sci-fi *"Liberating The Astronauts"* vincitrice del premio Elgin e i due libri *WakeBreatheMove* e *For The Girls, I.* [www.christinamrau.com]

Al Ripandelli

If I Would Have Known

I would have kissed you longer and deeper,
savoring the tastes and textures that are wholly and uniquely you.

I would have absorbed your aroma and preserved it in memory.
I would have lingered in those special places I spent so much time
looking for.
I would have cherished your softness and encouraged your
undulations.

I would have galvanized your heart,
assuring you that absolute love is worth the wait.

If I would have known that this would be our last

Alphonse Ripandelli is proud to be a part of this collection and honored
to be a part of this deep-rooted poetry community and its amazing
writers.

Se Avessi Saputo

Ti avrei baciato più a lungo e con più trasporto,
assaggiando i sapori e le consistenze che
sono interamente e unicamente tuoi.

Avrei assorbito il tuo aroma e lo avrei conservato in un ricordo.
Avrei indugiato nei nostri luoghi speciali,
che ho trascorso tanto tempo a cercare.
Avrei apprezzato la tua tenerezza e incoraggiato
le tue ondulazioni.

Avrei galvanizzato il tuo cuore,
assicurandoti che l'amore assoluto vale l'attesa.

Se lo avessi saputo, questo sarebbe stato il nostro ultimo

Alphonse Ripandelli è fiero di far parte di questa collezione e onorato di essere all'interno di questa comunità poetica ben radicata, insieme ai suoi magnifici scrittori.

Lorraine Sabio

My Eggplant

I like the eggplant
That grows in the garden
Eggplants are also in the outdoor market
Either white or black
The ones my grandmother cooks
Are pretty good
She knows how to cook them – fried in olive oil
With a little tomato sauce and basil
Even my mothers'
Baked in the oven like sandwiches
With mortadella and cheese
Those that are most delicious
Are sweet and sour
In the caponatina
From the kitchens in all of Sicily!

Lorraine Sabio has been a teacher of Italian, French and ENL for over thirty years. She was a Rotary International exchange student and attend high school in Morlaix, France. In college, she studied abroad in Urbino and Bologna, Italy and Avignon, France. She holds the following degrees; BA, French and Italian SUNY Stony Brook, MA, Italian Language and Civilization, New York University. Lorraine also has ABD status in the DA Program at SUNY Stony Brook in Second Language Acquisition with a concentration in Italian. She is currently teaching Italian at Lynbrook UFSD

La Mia Melanzana

Mi piace la melanzana
Che cresce nel giardino
Le melanzane sono anche
Al mercato all'aperto
O bianche o nere
Quelle della nonna sono abbastanza buone…
Lei sa cucinarle
Con un po' di sugo e basilico
Oppure quelle della madre
al forno come panini
con la mortadella e formaggini
Quelle piu' deliziose
Sono all'agro - dolce
nella caponatina delle cucine
In tutta la Sicilia!

Lorraine Sabio è stata insegnante di italiano, francese e ENL per più di trent'anni. Era una studentessa facente parte del programma di scambio internazionale del Rotary e ha frequentato la scuola superiore a Morlaix, in Francia. Ha studiato all'università di Urbino e a Bologna e ad Avignone, in Francia. Ha diverse lauree: una laurea breve in italiano e francese presso la SUNY Stony Brook e un master in lingua e civiltà italiana, presso l'università di NY. Lorraine ha anche lo status di ABD nel programma DA alla SUNY Stony Brook nell'acquisizione di una seconda lingua con specializzazione in italiano. Attualmente insegna italiano alla Lynbrook UFSD

Dina Santorelli

Kings of Queens

Young wolves in packs,
Fiercely protecting their kin
Whose esteem is determined by a boot.
Their march scatters fallen leaves
Across narrow alleyways,
Spray-painted bases drawn in haste,
Ropes of groundwater—

Car!

Round and round,
Wheels of plastic roar about corners,
A convoy of tassled handlebars,
Barreling past headless bodies
Buried under hoods of metal,
Dribbling oil to our moat.

Cross me, please; cross me back again—

The sauce! It coats the air, our skin, our mood,
Lingers under runny noses,
Under fingernails,
In the bloodshot eyes of old men,
Taunting the French fries in my garbage can.

Here, luck-a-luck-a-luck-a-luck.
Don't worry, she don't bite,
But don't run just the same.

Can Danielle come out to play
On this endless day?
We have no money to buy,
But what we want is free,
A rubber ball, our grail—
Our weapon, our peace treaty;
A box, a steamroller; a can, a puck,
Tap, tap, tap, I see Fish under the green truck.

Here, men are men, toes dyed purple,
Sitting at tables like kings.
Here, women are women,
Plump in their housecoats
Scrubbing sidewalks till they gleam.
Urban lionesses, their eyes watchful,
Atop concrete perches,
Whispering to the probing winds—

Strawberry Shortcake, cream on top...

It's almost dark
And there's nowhere to park
The asphalt river now a stream.
Windows blink open with dinner calls
But the game's almost over and they go ignored.

Hark! The siren song of Mister Softee,
The pied piper of the poor
Brings smiles to dirty faces,
Who are hungry no more.

Here, girls are boys,
And boys are girls,
Sisters and brothers borne of a city block.
The air is cold, but our jackets are home 'cause
Our skin is warm with youth and promise.
Wedged between metal roofs
And inclines of bricks,
We hide from the sun,
The storm,
The unforeseen sorrows,
Talking tough of what we know, which is little,
Of the lives to come—
Until, as if at once, they are gone.

*First published in Bards Annual 2017

Dina Santorelli is a Long Island author of thriller and suspense novels,
including the best-selling *Baby Grand*.

Re di Regine

Giovani lupi in branchi,
proteggono con ferocia i loro simili
Il cui valore è determinato da un calcio.
Foglie cadute si spargono al loro passaggio
tra stretti vicoletti,
basi dipinte a spray e disegnate in tutta fretta,
funi di acque freatiche -

Auto!

Tutt'intorno,
ruote di plastica ruggiscono dietro gli angoli,
un convoglio di manubri con i fiocchetti,
sfrecciano su corpi senza teste,
sepolti sonno cofani di metallo,
facendo colare olio sul nostro fossato.

Attraversami, ti prego; attraversami ancora -

La salsa! Cosparge l'aria, la nostra pelle, il nostro umore,
Indugia sotto nasi gocciolanti,
Sotto le unghie,
Negli occhi iniettati di sangue di vecchi uomini,
schernendo le patatine nel mio bidone dell'immondizia.

Ecco, che fortuna.
Non ti preoccupare, non morde
ma non correre di nuovo allo stesso modo.

Danielle può uscire a giocare
in questo giorno che non finisce più?
Non abbiamo soldi per comprare niente,
ma quello che vogliamo è gratuito,
una palla di gomma, il nostro graal -
la nostra arma, il nostro accordo di pace;
una scatola, un compressore; una lattina, un disco,
tap, tap, tap, vedo un pesce sotto il camion verde.

Qui, gli uomini sono uomini, con le dita dei piedi tinte di viola,
siedono a tavola come re.
Qui, le donne sono donne,
paffute nelle loro vestaglie
puliscono i marciapiedi finchè non risplendono.
Leonesse urbane, i loro occhi sono vigili,
Su trespoli di cemento,
sussurrano al vento -

Pan Di Spagna alla fragola, con crema sopra...

È quasi buio
Non c'è un posto dove parcheggiare
Il fiume di asfalto è diventato un ruscello.
Le finestre si aprono ai richiami della cena
Ma il gioco è quasi finito e nessuno li sente.
Udite! La canzone da sirena di Mister Romanticone,
il pifferaio magico dei poveri
porta sorrisi a facce sporche,
che non sono più affamate.

Qui, le ragazzine sono ragazzini,
e i ragazzini sono ragazzine,
Sorelle e fratelli dello stesso isolato.
L'aria è fredda, ma le nostre giacche ci fanno sentire a casa
perchè la nostra pelle è calda di gioventù e promesse.
Incastrati tra tetti di metallo
e pendii di mattoni,
ci nascondiamo dal sole,
dalla tempesta,
dai dolori inaspettati,
vantandoci di quello che sappiamo, che è poco,
delle nostre vite a venire -
Finchè, d'un tratto, sono già passate.

*Pubblicato per la prima volta nell'Annuale dei Bardi del 2017

Dina Santorelli è un'autrice di Long Island, scrittrice di thriller e romanzi suspense, che includono il suo best-seller *Baby Grand*.

Darren Sardelli

Bath

My parents said I couldn't go
unless I took a bath.
I said, "You must be kidding me.
A bath is worse than math."

I wanted to go, so I did what they said.
I filled up the tub with linguini and bread.
I threw in some basil with crab tortellini,
a brick oven pizza, and shrimp fettuccine.
The sauce in the saucepan was next on my list.
I poured it in slowly. I couldn't resist!
I also included fried eggplant for fun
and four hundred meatballs— IT HAD TO BE DONE!
My time in the bathtub would not be complete
without all the clams I was longing to eat.
I sprinkled fresh pepper and parmesan cheese,
then jumped in the tub with excitement and ease.
Without any warning, my father walked in.
A small piece of garlic was stuck to his chin.
He stood there in awe as I stuffed rigatoni
with diced pepperoni and spicy bologna.
The words that he hollered were *"HOLY CANNOLI!*
I THINK THIS IS WORSE THAN YOUR AUNT'S RAVIOLI!"
He called for my mom with a frown on his face.

She barged in and yelled, *"This is such a disgrace!"*
As both of them stood there in grief and disgust,
I offered them pie with a sausage-filled crust.
My father reached out, but my mom slapped his hand.
She screamed, *"This is crazy! I don't understand!"*
I chimed in and stated, "I did this for you.
I'm taking a bath like you told me to do."
My father looked puzzled. My mom scratched her head.
She noted, *"You're right. You have done what we said.*
We weren't specific, so yes— You may go,
but first there is something we'd like you to know—
From now on you'll bathe the way normal kids do,
in a tub full of water with soap and shampoo!"

Darren Sardelli is a poet known for his humorous rhymes. He's visited over 700 schools and has poems featured in 23 children's books in the U.S. and U.K. For more information, please check out www.laughalotpoetry.com

Bagno

I miei genitori dissero che non potevo andare
a meno che non facessi il bagno.
Ed io risposi, "*State scherzando.*
Il bagno è peggio della matematica."

Volevo andare, perciò feci come dicevano.
Riempii la vasca con delle linguine e del pane.
Ci misi dentro del basilico e i tortellini al granchio,
una pizza cotta al forno, e fettuccine ai gamberi.
La salsa nella casseruola era la prossima in lista.
La versai lentamente. Non riuscivo a resistere!
Decisi di includere anche delle melanzane fritte tanto per divertirmi
e quattrocento polpette - DOVEVO FARLO!
Il mio momento nella vasca da bagna non sarebbe stato completo
senza tutte le vongole che volevo mangiare.
Ci cosparsi sopra del pepe e del parmigiano,
e poi saltai nella vasca felice e contento.
Senza avvertirmi, entrò mio padre.
Un piccolo pezzo di aglio era incastrato sul suo mento.
Rimase lì in piedi sbalordito mentre riempivo i rigatoni
di salame tagliato a cubetti e mortadella piccante.
Le parole che urlò furono "*SANTI CANNOLI!*
QUESTO È PEGGIO DEI RAVIOLI DI TUA ZIA!"
Chiamò mia madre con un cipiglio sul volto.
Arrivò anche lei e urlò, "*Questa è una disgrazia!*"
Mentre entrambi se ne stavano lì a lutto e disgustati,
io offrii loro una torta salata con la crosta ripiena di salsiccia.
Mamma urlò, "*Questa è pazzia! Non capisco!*"

Io intervenni e dissi, "*L'ho fatto per voi.*
Sto facendo il bagno come mi avete detto di fare."
Mio padre mi guardò perplesso. Mia mamma si grattò la testa.
Puntualizzò, "*Hai ragione. Hai fatto quello che ti abbiamo detto.*
Non siamo stati specifici, quindi sì - puoi andare,
ma prima c'è qualcosa che vorremmo tu sapessi -
Da adesso in poi farai il bagno come tutti i bimbi normali fanno,
in una vasca piena di acqua, con sapone e shampoo!"

Darren Sardelli è un poeta conosciuto per le sue rime umoristiche. Ha fatto visita a più di 700 scuole e le sue opere sono apparse in 23 libri per bambini negli Stati Uniti e nel Regno Unito. Per avere più informazioni, andate sul sito www.laughalotpoetry.com

Andrea Schiralli

Poem to Todd

He looks at me across the table, he smiles and I freeze
His gaze pierces like an arrow; I'm going weak in the knees
Coherence is beyond my grasp - I stutter - God help me, please
When in the presence of such beauty, my mind can't stay at ease

He shows me a picture of his son, so angelic and pure
And tells me anecdotes so beguiling, innocent, and queer.
His eyes crinkle as he laughs, clearly lost in thoughts of his dear
When he talks about his boy, in his voice only love I hear

Who is this soul I've come across?
Who's brought to life the albatross?
A daisy peeking through the moss
I can't explain - I'm at a loss.

My petit couer, I don't know why
Beats happily when he's nearby
Words don't suffice, although I try
I think I love him—I cannot lie.

Andrea is a college admissions coach from Long Island. She loves the color pink, Hello Kitty, and anything that sparkles. Her favorite writers are Maugham, Fitzgerald, and Remarque.

Poesia per Todd

Mi guarda dall'altro capo del tavolo, mi sorride ed io mi blocco
Il suo sguardo mi trapassa come una freccia; sento le ginocchia molli
la coerenza è ormai al di là della mia portata - balbetto - Dio aiutami, per favore
Quando sono al cospetto di tanta bellezza, la mia mente non riesce a stare calma

Mi mostra una fotografia di suo figlio, così angelico e puro
E mi racconta aneddoti ammaliatori, innocenti e curiosi.
I suoi occhi si socchiudono mentre ridere, si perde nei ricordi dei suoi cari
Quando parla del suo ragazzo, nella sua voce sento solo amore

Chi è quest'anima che ho incontrato?
Chi ha portato in vita questo albatro?
Una margherita che spunta nel mezzo del muschio
Non riesco a spiegarmi - mi sento persa.
Il mio povero cuore, non so perchè
Batte felice quando lui è vicino
Le parole non sono abbastanza, per quanto io ci provi
Penso di amarlo - non posso mentire.

Andrea è una coach per le ammissioni al college, di Long Island. Ama il colore rosa, Hello Kitty, e tutto ciò che luccica. I suoi scrittori preferiti sono Maugham, Fitzgerald e Remarque.

Rita R. Simineri

Nets for Bay

I love Bath Beach
I love Brooklyn
Brooklyn Nets
Brooklyn Cyclones
Cyclone is a roller coaster
Cyclone's in Coney Island
island of Liberty
island of wonder
wonder why there is not another Z in Verrazano
Wonder Wheel
wheel and deal mob style
wheel barrow
barrow ride at Nellie Bly
barrow of laughs at fun house
house of cards
house of brick in Brooklyn
Brooklyn Botanical
Brooklyn's San Gennaro feast
feast on a zeppole
feast of the dead
dead heat
dead of night
night life
night time

time to ride the "El"
time to be born
born in Bath Beach
born in Brooklyn
Brooklyn Bridge
Brooklyn pizza
pizza pie at L & B's
pizza, at spumoni garden
garden in Prospect Park
garden flower
flower shows
flower power
power walk
power talk
talk funny, do ya think?
talk is cheap
cheap; the price of a Charlotte Russe
cheap skate
skate at Roll A Rama
skate through Dyker Park
park at Fort Hamilton
park along 27 th Street by the bay
bay forever gently flows
bay inspires poetry
poetry
flows

Rita R. Simineri is an award-winning poet, author and playwright. She has performed her works for colleges, organizations, social programs and on stage. She is the recipient of two Bards awards and is currently Long Island LGBTQ Poet Laureate.

Reti per Baia

Amo Bath Beach
Amo Brooklyn
I Brooklyn Nets
I Brooklyn Cyclones
Cyclone è una montanga russa
Cyclone è a Coney Island
isola della Libertà
isola delle meraviglie
mi chiedo come mai non ci sia un'altra z in Verrazano
Ruota delle meraviglie
ruote e lo stile deal mob
carretti con ruote
il giro in carretto a Nellie Bly
carretti di risate alla casa dei divertimenti
case di carta
case di mattoni a Brooklyn
il Brooklyn Botanical
La festa di San Gennaro a Brooklyn
la festa con le zeppole
la festa dei morti
il dead heat
la fine della notte
la vita notturna
la notte
tempo di andare in "El"
tempo di essere nati
nati a Bath Beach
nati a Brooklyn

Il Ponte di Brooklyn
la pizza di Brookyln
la pizza a L & B
pizza e il giardino spumoni
il giardino a Prospect Park
giardini di fiori
mostre di fiori
il potere dei fiori
marce del potere
chiacchierate del potere
chiacchierate allegre, non credi?
parlare costa poco,
come il prezzo alla Charlotte Russe
uno skate che costa poco
andare in skate al Roll a Rama
attraverso il Dyker Park
parcheggiare a Fort Hamilton
o sulla ventisettesima strada vicino alla baia
baia che scorre gentile
baia che ispira poesie
poesia
un flusso

Rita R. Simineri è una poetessa vincitrice di diversi premi, autrice e sceneggiatrice. Ha dato lettura delle sue opere presso diversi college, organizzazioni, programmi sociali e sul palco. Ha ricevuto due premi dei Bardi e attualmente è una Poetessa Laureata della Long Island LGBTQ.

Gregory Vincent St. Thomasino

Donation Street

to see, is upon you, my love
accord, of its own room

is dash or passage, a voice
unannounced, beginning, out of cups

and see, a little nearer
as of, or, to see another, an Adam

in pane, or day, or, for, to see
or,

to lie abed
on row, sleepless, and gone again, freely

a braid, as an air, or, can
inarm a gin or reach or compensation, when

a pedal
being able and intelligent, or left untied

are soon, or, in groups
in rest, in taste, or air or still, my love

a sympathetic sound, can, or great day
or,

so is always, so
a visitor, a note, a saying, a style

is lost, or, to fraternity
will have a peer, a, or marks a place

as to color, as to open, to mention and to pause
and so on

to sentence
a second eye to a face in profile

or found his posture so delightful, so, when
a flute or voice comes in a distance

and so on, to see, a sound, a turn
a visitor

being followed, to purpose
quieted, as good as settled, or waited, or come up

even,
when there is no moon in the sky

Gregory Vincent St. Thomasino is founding editor of the online poetry journal, Eratio. His volumes include The Valise (Dead Academics Press, 2012) and The Wet Motorcycle: a selected (Eratio Editions, 2019). A novel, Stephen's Landing (Adelaide Books, 2020), is forthcoming. He lives in Brooklyn Heights, NY, where he works as a private docent.

Strada Delle Donazioni

vedere, sta a te, mio amore
accordo, della sua stessa stanza

è corsa o passaggio, una voce
non annunciata, un inizio, senza coppe

e vedere, un po' più vicino
come vedere, un altro Adamo

su un pannello, o di giorno, vedere
o,

stare disteso
su strada, senza sonno, e andare via di nuovo, libero

una treccia, come aria, o può
in braccio gin o raggiungere o compensare, quando

un pedale
essere capaci e intelligenti, o essere lasciati slacciati

sono presto, o, in gruppi
in pace, nel gusto, nell'aria o fermi, mio amore

un suono empatico, può, un grande giorno,
o,

è così sempre, così

un visitatore, una nota, un detto, uno stile

è perso, o, per la fraternità
avrà un amico o, segna un posto

un colore, aperto, per menzionare e mettere pausa
e così via

condannare
un secondo occhio per una faccia di profilo

o trovata la sua postura così incantevole, così, quando
un flauto o una voce arriva da lontano

e così via, per vedere, un suono, un giro
un visitatore

essere seguiti, di proposito
zittiti, buoni e fermi, o aspettare, venire fuori

anche quando
non c'è luna nel cielo

Gregory Vincent St. Thomasino è curatore e fondatore della rivista poetica online Eratio. I suoi volumi includono The Valise (Dead Academics Press, 2012) e The Wet Motorcycle: una selezione (Eratio Editions, 2019). Un romanzo, Stephen's Landing (Adelaide Books 2020) sta per essere pubblicato. Gregory vive a Brooklyn Heights, NY, dove lavora come professore privato.

Mary Jane Tenerelli

St. Catherine's of Smithtown

I take 25A for points east
Because I am afraid of traffic
And my poor ability
to anticipate lights
And the other guy.
But that is not the only reason
I'm on this slow road.
The hospital is there on a hill.
Shining temple, proof
That the universe rains
Amulets and pearls
And beautiful reminders.
When she is with me
I say, "There it is,"
The way you'd urge someone
To catch the sun
Just starting over the horizon,
Or a comet flaring through stars.
I know she knows the place she was born
But I want her to hear the celebration
In my voice, the party
In the backyard with sparklers
That she'll remember
When the other guy says

Just a girl.
As for me, my eyes may be going,
And my driving subpar,
But the hospital says,
Look what you did,
Just look at what you did!

Santa Caterina di Smithtown

Prendo la 25A verso est
Perchè ho paura del traffico
e della mia poca capacità di anticipare le
luci del semaforo e gli altri tizi.
Ma non è solo questo il motivo
per cui mi trovo su questa strada lenta.
L'ospedale è su in collina.
Tempio splendente, prova
che l'universo lascia piovere
amuleti e perle
e magnifici promemoria.
Quando lei è con me
Dico, "Ecco qui",
Il modo in cui spingi qualcuno
a prendere il sole
iniziando proprio sopra l'orizzonte,
o una cometa che passa tra le stelle.
So che conosce il luogo in cui è nata
ma voglio che ascolti la celebrazione
nella mia voce, la festa
nel giardino con le stelline
che ricorderà
quando l'altro ragazzo dice
è solo una ragazza.
Per quanto mi riguarda, i miei occhi potranno anche cedere,
e il mio modo di guidare potrà anche essere scadente,
ma l'ospedale dice
guarda cosa hai fatto,
guarda cosa hai fatto!

Jack Tricarico

Wishful Thinking

I hear the wind
Whistling in the walls
Who does it serenade?
Beside an indifferent ear
That would rather hear voices
From a place I can barely imagine
Because it keeps fleeing
Into an inchoate architecture
Of someplace else. For now
I rest in the space
Of a two dimensional surface
Around the folds of a painting
Where the foreground slides
Into a slanted horizon
Like a gigantic snake
Looking for God
While the wind stops to listen
To the subject of conversation
I would like to discuss
If I could talk to a voice from beyond
How would I simply explain
I'm looking for reassurance?
Does the painting seem like a stain
About to bleed out

Into some kind of semblance
Of something that wants to exist
And can't find its way into space?
The wind doesn't answer
Whistling around in the room
It sounds in a hurry
As if anxious to muscle up
In the eye of a storm
And return like a child
To step on a toothpick city
It built with a wish

Jack Tricarico is a New York City painter and poet who has been published in poetry journals and anthologies in the United States, Europe and Mexico. He lives in the East Village in Manhattan.

Pensieri Speranzosi

Sento il vento
che fischia attraverso le pareti
a chi è che fa la serenata?
Accanto ad un orecchio indifferente
che piuttosto ascolterebbe voci
di un luogo che riesco a malapena a immaginare
perchè continua a sfuggire
dentro una architettura nascente
di qualche altro posto. Per adesso
Riposo nello spazio
di una superficie bidimensionale
tra le pieghe di un dipinto
dove il primo piano scivola
in un orizzonte inclinato
come un serpente gigante
che cerca Dio
mentre il vento smette di ascoltare
la nostra conversazione
Vorrei poter discutere
se potessi parlare ad una voce dall'aldilà
Come potrei spiegare
Che cerco conforto?
Forse il dipinto sembra una macchia
che sta per sanguinare
in qualche tipo di parvenza
di qualcosa che vuole esistere
e non riesce a trovare la sua strada nello spazio?
Il vento non risponde

fischia tutt'intorno nella stanza
Sembra vada di fretta
come se fosse ansioso di ingrossarsi
nell'occhio della tempesta
e tornare bambino
per camminare su una città
fatta di stuzzicadenti
che ha costruito con un desiderio

Jack Tricarico è un pittore e poeta di New York City le cui opere sono state pubblicate su diverse riviste poetiche e antologie negli Stati Uniti, in Europa e in Messico. Vive ad East Village a Manhattan.

J R Turek

Raphael's Angels

I grew up with those two cute cherubs
as if they were part of the family,
the artist name spelled different, but
pronounced the same as my maiden name,
Raphael's Angels were scattered throughout
the house, cherubs on coffee cups, note pads,
couch throws and refrigerator magnets,
framed prints on the walls, even on pencils
I did my homework with, those angels
looking up as though wondering when
I would finally understand the concept
of algebra.

There were two of us kids in the family, yet
no one would mistake Mikey or me for angels,
nothing cherubic about our squabbles
or sibling rivalries growing up together.
Our dad so proud of his name, his Italian
heritage, his namesake / his father holding
his fingers up, pressed together as an offering
for blessings when he pronounced *Raff-ae-elle*.
As a child, I thought those angels were relatives
held in high esteem.

I recently discovered *Raphael's Two Putti*
were but the lower section of a larger painting,
Sistine Madonna, depicting Mother Mary holding
Baby Jesus with Saint Sixtus and Saint Barbara
standing on clouds with dozens of obscured cherubim
looking on. The two winged cherubim are resting
on their elbows on an altar below,
wearing wistful looks.

Born *Raffaello Sanzio* in 1483, died in 1520
on his 37th birthday, Raphael created 184 works
of art – frescoes for the Vatican, depictions of Saints,
paintings chronicling the life of Christ, and a series
of Madonnas, *Sistine Madonna* one of the last. Yet,
no other painting contained those two angelic faces.

I read that they were children of the Madonna model,
waiting restless for the session to end and Raphael
painted them with bored yet pensive expressions;
another article claimed Raphael noticed
two children looking into a bakery window
with such longing, he was compelled to capture
their expressions on canvas.

Whatever inspired Raphael to create those angels,
I am grateful. I have several tote bags, a tee-shirt
I'll never wear to preserve the art, postage stamps,
and a framed print on my bedroom wall.

Though he is not a true Raffaele in spelling,
not a blood relative, Raphael and his angels
will always be an integral part of *la mia famiglia.*

J R (Judy) Turek, 2019 Walt Whitman LI Poet of the Year, Superintendent of Poetry for the LI Fair, Bards Laurcatc 2013-2015, editor, workshop leader, author of five full-length poetry collections, 'The Purple Poet' lives with her soul-mate husband, Paul, her dogs, and her extraordinarily extensive shoe collection.

msjevus@optonline.net

Gli Angeli di Raffaello

Sono cresciuto con quei due bei cherubini
come se fossero parte della mia famiglia
il nome dell'artista scritto diversamente ma
pronunciato come il nome da nubile di mia
madre, gli Angeli di Raffaele erano disseminati
per tutta la casa, cherubini sulle tazze da caffè,
sui taccuini, copridivani e calamite sul frigorifero,
dipinti incorniciati sulle pareti, perfino sulle matite
Ho fatto i compiti con quegli angeli
Fissandoli mentre meditavo e finalmente
arrivavo a capire quel concetto di algebra.

Eravamo due bambini in famiglia, eppure
nessuno avrebbe scambiato me o Mikey per angeli,
non c'era niente di angelico riguardo i nostri litigi
o rivalità tra fratelli mentre crescevamo insieme.
Nostro padre era così fiero del suo nome, era la sua
eredità italiana, il suo omonimo / suo padre che teneva alte
le dita, unite come ad offrire benedizioni quando pronunciava
Raff-ae-elle. Da bambino, pensavo che quegli angeli fossero
miei parenti tenuti in alta considerazione.

Di recente ho scoperto che i Due Putti di Raffaello
non erano altro che la parte bassa di un dipinto più grande,
La Madonna Sistina, che raffigura la Madonna con in braccio
Gesù Bambino con San Sisto e Santa Barbara
in piedi su nuvole con dozzine di cherubini oscurati
sui loro gomiti, sull'altare più in basso,

che hanno sguardi assorti.

Nato come Raffaello Sanzio nel 1483, morì nel 1520
al suo trentasettesimo compleanno, Raffaello creò 180
opere d'arte - affreschi per il Vaticano, raffigurazioni dei
Santi, dipinti che raccontavano la vita di Cristo e una serie di
Madonne, di cui l'ultima la Madonna Sistina. Eppure,
nessun altro dipinto conteneva quelle due facce angeliche.

Ho sentito dire che erano i figli della modella che posava
come Madonna, che aspettavano irrequieti che la sessione
finisse mentre Raffaello li dipingeva con espressioni
annoiate e pensose;
un altro articolo sostiene che Raffaello aveva notato
due bambini che guardavano la vetrina di una pasticceria
con così tanto desiderio, che si sentì obbligato a catturare
le loro espressioni su tela.

Qualunque sia la cosa che ha ispirato Raffaello a creare
quegli angeli, ne sono grato. Ho diversi borsoni, una maglia
che non indosserò mai per conservare il disegno che porta,
poster e un dipinto incorniciato sulla parete della mia camera
da letto.

Per quanto non sia il vero Raffaele nello spelling,
nè un mio parente, Raffaello e i suoi angeli
saranno sempre parte integrante della mia famiglia.

J R (Judy) Turek, Poetessa dell'anno 2019 per il premio Walt Whitman, superintendente alla fiera poetica di LI, Bardo Laureato 2013-2015, editrice, seminarista, autrice di cinque collezioni poetiche, "The Purple Poet" vive in suo marito Paul, nei suoi cani e nella sua grande collezione di scarpe. msjevus@optonline.net

Elizabeth Vallone

August to May

Content in a shadowy grove we stood
Watching them under bridal canopy
As the Indian beat the hide with wood
 A tune as mournful as Penelope.
Broad smiles, good wishes were on our breath
Golden sunflowers hovered above them.
Deep black centers an omen of his death
Anointed him through their long hanging stems
Baby wrapped in a shroud soon after
Buried next to the tree of sycamore
Slayed love, bonds and laughter.
Sleepless torment created a sore
Oozing from it, an age of dark despair
Leaving him cold, numb in the wedding lair

Mrs, Elizabeth Vallone is a retired teacher of world languages. She has written three works of historical-fiction and a biography, Just Call Me Lucky. She is presently working on a book of her poetry.

Da Agosto a Maggio

Felici in un boschetto ombroso, stavamo
a guardarli sotto una tettoia nuziale
mentre l'indiano batteva il tamburo con il legno
un suono così triste come Penelope.
Grandi sorrisi, buoni auspici nei nostri respiri
girasoli dorati aleggiavano su di loro.
Centri neri erano segno della sua morte
Lo ungevano con i loro lunghi steli
Un bambino avvolto in un velo poco dopo
Sepolto accanto all'albero del platano
Amore spezzato, legami e risate.
Un tormento insonne creò una piaga
da cui si emanò un'età di oscura disperazione
Lo lasciò freddo e paralizzato nel covo nuziale

Elizabeth Vallone è un'insegnante di lingue in pensione. Ha scritto tre opere di finzione storica e una biografia, Just Call Me Lucky. Attualmente sta lavorando ad un libro di poesie.

Richard Vetere

Screenwriter Blues

Writing a screenplay is like living in hell,
my apartment is buried in scripts I can't sell.
I still owe the Writers Guild monthly dues.
My agent couldn't get me any interviews.
I got the screenwriter blues.

The studios spend millions on trash.
What happened to the days of movies like M.A.S.H.?
My agent won't return my phone calls
he's got me by my writer's overalls.
I got the screenwriter blues.

I feel so funny not making any money.
I know it's not the American way.
But Boggie is dead, Serpico fled
and producers want you to defer your pay.

My last movie grossed millions Variety stated,
but the producers never paid me a dime.
I think they're made of mud and slime.
My agent won't return my phone calls.
He's got me by my writer's overalls.

I got the screenwriter blues.

Richard Vetere's most recently novel is *The White Envelope* published by Amazing Whodunit Books winning Runner Up in the 2019 Mystery Writer Contest and his most recently published play is *Zaglada* published by Dramatic Publishing. He got a grant from the Russo Brothers Film Forum to write, direct and produce the award winning documentary *Where are we Now? The Italian American Today.*

Blues dello Sceneggiatore

Scrivere una sceneggiatura è come vivere all'inferno,
il mio appartamento è sommerso di copioni che non riesco a vendere.
Devo ancora pagare le tasse alla Gilda degli Scrittori.
Il mio agente non è riuscito a procurarmi nessun colloquio.
Ed io ho il blues dello sceneggiatore.

Gli studi televisivi spendono milioni per della spazzatura.
Cos'è successo a quei film come M.A.S.H.?
Il mio agente non mi richiama
mi ha preso con la mia tuta da scrittore.
Ed io ho il blues dello sceneggiatore.

Mi sento così strano a non fare neanche un soldo.
So che non è così che si fa in America.
Ma Boggie è morto, Serpico fuggito
e i produttori vogliono posporre lo stipendio.

Il mio ultimo film ha totalizzato milioni, così ha detto il Variety
ma i produttori non mi hanno pagato un centesimo.
Penso che siano fatti di fango e melma.
Il mio agente non mi richiama.
Mi ha preso con la mia tuta da scrittore.

Ed io ho il blues dello sceneggiatore.

L'ultimo romanzo di Richard Vetere si intitola *The White Envelope* ed è stato pubblicato dalla Amazing Whodunit Books, vincendo poi il premio Runner Up nel contest Mystery Writer del 2019. La sua ultima sceneggiatura è invece *Zaglada* ed è stata pubblicata da Dramatic Publishing. Ha ottenuto i diritti dalla Russo Brothers Film Forum per scrivere, dirigere e produrre il documentario *Where are we Now? The Italian American Today.*

James P. Wagner (Ishwa)

Festa di San Gennaro

It was one of those things
That my family took me to
In the city.
Living 30 miles away on Long Island
Weekend trips to the city
Were pretty frequent.

There were a lot of people there…
That's the first thing I remember,
That, and the smell of the food
The good smell
The smell that made me hungry
My Grandma and Grandpa bought me food
Sausage and pepper sandwiches
And of course, the powdered sugar zeppole.

They told me, we were in little Italy
And me, knowing we were Italian
One time asked, to their amusement
"Is this where we are from?"
"No, we come from bigger Italy"
They told me
Although my family did have roots
Just a few miles from there, in Brooklyn.

I didn't understand the cultural relevance of the feast,
The Italian-American pride
That stretched back to immigrants from the 1920's
Where the humble origins collected money to give out
To the neighborhood's needy
Before it expanded to the multi-day street fair
And tourist attraction it has become.

For me, it was just another adventure
On a weekend trip to the city.
Today,
It serves as a memory
Of family.

James P. Wagner (Ishwa) is an editor, publisher, award-winning fiction writer, essayist, historian performance poet, and alum twice over (BA & MALS) of Dowling College. He is the publisher for Local Gems Poetry Press and the Senior Founder and President of the Bards Initiative. He is also the founder and Grand Laureate of Bards Against Hunger, a series of poetry readings and anthologies dedicated to gathering food for local pantries that operates in over a dozen states. His most recent individual collection of poetry is *Everyday Alchemy*. He was the Long Island, NY National Beat Poet Laureate from 2017-2019. He was the Walt Whitman Bicentennial Convention Chairman and teaches poetry workshops at the Walt Whitman Birthplace State Historic Site. James has edited over 60 poetry anthologies and hosted book launch events up and down the East Coast. He was named the National Beat Poet Laureate of the United States from 2020-2021.

Festa di San Gennaro

Era una di quelle cose
a cui la mia famiglia mi portava
in città.
Poichè vivevamo a 30 miglia di distanza a Long Island
i viaggi in città nel finesettimana
erano piuttosto frequenti.

C'erano un sacco di persone lì…
Questa è la prima cosa che ricordo,
Questa e l'odore del cibo
Il buon odore
Quell'odore che mi rendeva affamato
Mia nonna e mio nonno mi compravano del cibo
Panini con salsiccia e peperoni
E ovviamente, le zeppole dolci.

Mi dicevano che eravamo in una piccola Italia
ed io, sapendo che eravamo italiani
una volta chiesi, facendoli divertire
"È da qui che veniamo?"
"No, veniamo da un'Italia più grande"
Mi dissero
Anche se la mia famiglia in realtà
aveva delle radici a poche miglia da lì, a Brooklyn.

Non capivo l'importanza culturale di quella festa,
L'orgoglio Italo-Americano
Che risaliva agli immigrati degli anni '20

Quando le umili origini raccoglievano soldi
per darli ai vicini bisognosi
Prima che diventasse una fiera di più giorni
e un'attrazione per turisti.

Per me, era solo un'altra avventura
in uno dei nostri viaggi in città del finesettimana.
Oggi,
Si presta a ricordo
della famiglia.

James P. Wagner (Ishwa) è redattore, editore, scrittore premiato di fiction, saggista, poeta di performance storiche, e due volte studente del Dowling College (Laurea e Master). È l'editore della Local Gems Poetry Press e Fondatore Senior e Presidente dell'Iniziativa dei Bardi. È anche fondatore del Grand Laureate of Bards Against Hunger, una serie di letture e antologie poetiche dedicate alla raccolta di cibo per le dispense locali che operano in più di una dozzina di stati. La sua ultima collezione individuale di poesia è *Everyday Alchemy*. È stato Poeta Laureato del National Beat di Long Island, NY dal 2017 al 2019. È stato anche presidente della Convenzione Bicentenaria di Walt Whitman e conduce seminari di poesia al Walt Whitman Birthplace State Historic Site. James ha curato più di 60 antologie poetiche e ha organizzato diversi eventi per la promozione di libri in tutta la East Coast. È stato nominato Poeta Laureato del National Beat degli Stati Uniti per l'anno 2020-2021.

Thomas Zampino

New World

You first walked the ancient Italian streets on pavement carved
into the mountainside. Your barefoot testimony never once
confessed to anger. But your hunger couldn't hide beneath
your ribs.

A new world was yours for the taking.

Scores of young men, just like you, soon found themselves
excited and bewildered and scared. Right here, in a fortress that
seemed to offer golden streets and unbounded freedom under the
watchful eye of some giant harbor goddess.

But first, papers had to be stamped, exams submitted to, questions
answered. Hours of boredom followed by tense moments of
humiliation. Full cooperation was both summarily expected and
enthusiastically given.

Approved, you were later shipped from island to mainland where
you were left unprotected, unschooled, and completely alone.

But a promise tucked away in your well-worn pocket kept
you sane.

A promise that you relied upon when you later began a legacy that
followed in your footsteps.

A promise that meant home.

Thomas Zampino is an attorney in private practice in New York City who only recently started writing poetry. Formerly with *Patheos*, he now writes poems and reflections at *The Catholic Conspiracy*. His poems have appeared or will soon appear in *Bard's Annual 2019*, *Bard's Annual 2020*, *Trees in a Garden of Ashes* (2020), *Otherwise Engaged* (2020), *The University of Chicago Memoryhouse Magazine* (2020), *Chaos, A Poetry Vortex* (2020), *The Walt Whitman Collaborative Project* (2020), *Nassau County Voices in Verse* (2020), twice in *Verse-Virtual* (an on-line anthology), and a video production of *Precise Moment* by Gui Agustini. He is also working on a book of poetry tentatively scheduled for 2021.

Nuovo Mondo

Camminasti per la prima volta sulle antiche strade italiane scavate nella montagna.

La tua scalza testimonianza non confessò mai la tua rabbia. Ma la fame che

provavi non poteva nascondersi tra la tue costole.

Un nuovo mondo era pronto per essere afferrato da te.

Un mucchio di giovani uomini, proprio come te, si ritrovarono presto eccitati e sbalorditi e spaventati. Proprio qui, in una fortezza

che sembrava offrire strade dorate e libertà senza confini sotto gli occhi attenti di una qualche divinità gigante del porto.

Ma per prima cosa, fogli dovevano essere stampati, esami sostenuti, domande

risposte. Ore di noia seguite da momenti di umiliazione.

Piena collaborazione fu attesa e data con entusiasmo.

Approvato, fosti poi imbarcato per la terraferma, da quell'isola, dove venisti lasciato senza protezione, senza istruzione e tutto solo.

Ma una promessa tenuta nascosta nella tua tasca usurata ti mantenne sano.

Una promessa su cui facesti affidamento quando più tardi diventasti un lascito

che seguì i tuoi passi.

Una promessa che significava casa.

Thomas Zampino è un avvocato privato a New York City che solo di recente ha iniziato a scrivere poesie. Prima con Patheos, ora scrive poesie e riflessioni sul The Catholic Conspiracy. Le sue opere sono apparse o appariranno a breve sul *Bard's Annual 2019, Bard's Annual 2020, Trees in a Garden of Ashes* (2020), *Otherwise Engaged* (2020), *The University of Chicago Memoryhouse Magazine* (2020), *Chaos, A Poetry Vortex* (2020), *The Walt Whitman Collaborative Project* (2020), *Nassau County Voices in Verse* (2020), due volte su *Verse-Virtual* (an on-line anthology), e una produzione video di *Precise Moment* di Gui Agustini. Attualmente sta anche lavorando ad un libro di poesie ipoteticamente previsto per il 2021.

Carmelina Zitarosa

In a Perfect World

That is just how it was,
windows open, sauce on the stovetop,
Totò Cotugno in the background and mamma in the kitchen.

That is just how it was,
sitting around the table, smiling and loved,
passing around the dishes and sharing our stories.

That is just how it was,
we didn't think about it much then, it was normal and routine,
just a regular Sunday spent home with our family.

That is just how it was,
But now I understand, now I see,
the importance of the bonds, creating memories,
simplicity...

That is just how it was,
And in a perfect world,
How it can always be

Carmelina Zitarosa is a first generation Italian American who resides on Long Island, NY. She is a high school Italian teacher and a dedicated wife and a mother. She is known to occasionally blast a good old fashioned tarantella and break out in dance.

In un Mondo Perfetto

Era proprio così,
finestre aperte, la salsa sul piano cottura,
Totò Cotugno in sottofondo e mamma in cucina.

Era proprio così,
stare seduti intorno al tavolo, sorridenti e amati,
passandoci i piatti e condividendo le nostre storie.

Era proprio così,
non ci pensavamo poi molto all'epoca, era la normalità, l'abitudine,
solo una domenica qualunque passata a casa in famiglia.

Era proprio così,
Ma ora capisco, ora vedo,
l'importanza dei legami, del creare ricordi,
la semplicità…

Era proprio così,
E in un mondo perfetto,
Come dovrebbe sempre essere

Carmelina Zitarosa è una Italo-Americana di prima generazione che risiede a Long Island, NY. È insegnante di italiano alla scuola superiore e una moglie e madre devota. È nota per dar vita occasionalmente ad una buona vecchia tarantella e ballare.

About the Editor

Robert Savino, Suffolk County Poet Laureate, 2015-2017, is a native Long Island poet, born on Whitman's Paumanok and still fishes there, for words. He is a second generation Italian-American, with paternal roots in Campania and maternal roots in Abruzzo; and Past President of the Constantino Brumidi Lodge #2211 (Order Sons of Italy in America). Robert is a Board Member at both the Walt Whitman Birthplace & the Long Island Poetry & Arts Archival Center. He is the winner of the 2008 Oberon Poetry Prize; and his books include *fireballs of an illuminated scarecrow* and his first collection *Inside a Turtle Shell.*

Robert Savino, Poeta Laureato della Contea di Suffolk, 2015-2017, è un poeta nativo di Long Island, nato nella Paumanok di Whitman e va ancora lì, a pesca di parole. Robert è un Italo Americano di seconda generazione, le cui radici paterne risalgono alla Campania e quelle materne all'Abruzzo; è previo Presidente della Sede Locale Constantino Brumidi #2211 (Order Sons of Italy in America). Robert è socio fondatore sia del Walt Whitman Birthplace che del Centro Archivistico di Poesia ed Arti a Long Island. È il vincitore del Premio Per La Poesia Oberon del 2008; e i suoi libri includono *fireballs of an illuminated scarecrow* e la sua prima collezione *Inside a Turtle Shell.*

Local Gems Press is a small Long Island, NY based poetry press dedicated to spreading poetry through performance and the written word. It has cultivated poetry communities through anthologies and readings up and down the East Coast of the United States and beyond.

Local Gems has published or printed hundreds of titles.

www.localgemspoetrypress.com

"Thence we came forth to rebehold the stars"

~ Dante Alighieri, *Inferno*

Made in the USA
Monee, IL
13 October 2021

79946023R00154